一分钟读懂求人学

邢妍　编著

北京工业大学出版社

图书在版编目（CIP）数据

一分钟读懂求人学 / 邢妍编著 . —北京：北京工业大学出版社，2010.12（2020.10 重印）

ISBN 978-7-5639-2598-8

Ⅰ . ①一…　Ⅱ . ①邢…　Ⅲ . ①人际关系学—通俗读物　Ⅳ . ① C912.1-49

中国版本图书馆 CIP 数据核字（2010）第 244837 号

一分钟读懂求人学

编　　著：邢　妍

责任编辑：康　路

封面设计：末末美书

出版发行：北京工业大学出版社

地　　址：北京市朝阳区平乐园 100 号

邮政编码：100124

电　　话：010-67391106　010-67392308（传真）

电子信箱：bgdcbsfxb@163.net

承印单位：北京德富泰印务有限公司

经销单位：全国各地新华书店

开　　本：880mm×1230mm　1/32

印　　张：6

字　　数：130 千字

版　　次：2011 年 1 月第 1 版

印　　次：2020 年 10 月第 3 次印

标准书刷：ISBN 978-7-5639-2598-8

定　　价：35.00 元

当今社会，经济发展飞速，社会分工日益精细，人类需求不断扩展。万事不求人的时代已经过去，会求人办事已经成为我们立足社会的根本，也是我们走向成功的重要保障。会求人办事的人做起事来顺风顺水，能够把各种各样的事情办得尽善尽美，让人心甘情愿地为他办事、与他共事，因此，想要人生和事业一帆风顺，取得辉煌成就，我们就一定要学会求人办事，把事情办得漂亮。

身处纷繁复杂的当今社会，要把事情办好并不是一件容易的事情。我们可能都曾实践多次，却收效甚微。虽然"实践出真知"在很多时候是建立在失败的基础上的，但如果一味地抱着"吃一堑长一智"的想法，无疑难以适应这个处处都体现出高效率的社会。那么，求人办事真的无法可循吗？怎样才能求人成功呢？

世上没有办不成的事，只有不会办事的人。求人办事的关键是看你用什么方法、用什么技巧、用什么手段，因此，提高自己的求人能力，增强自己的求人技巧，灵活运用求人的方式方法是我们的当务之急。

　　本书就是为了适应社会的发展变化；满足广大读者的需求；教读者灵活运用各种技巧解决所有的求人问题，把事办得尽善尽美而编写的。通过阅读本书，读者可以针对不同场合，不同对象，把握求人办事的分寸，有效利用各种资源达到成功办事的目的，轻轻松松把事情做好。真心希望本书能给读者提供尽可能多的实用性内容，为读者留下更为深刻的印象。愿本书成为照亮读者成事之路的明亮火把，为读者的事业增光添彩。

第三章

平时烧香，急处才好求人

第四章

摸清对象，看准特点求人

第五章

礼仪为先，彬彬有礼求人

第六章

找对方法，善用策略求人

第七章

把握分寸，不卑不亢求人

第一章 ▷

说话好听，求人不难

开口求人是一门技巧性很强的艺术，它直接影响着我们办事的结果。人人都会说话，但结果却千差万别。那么我们求人办事该如何开口呢？如何利用每个人都喜欢被称赞、夸奖，听好听话的特点，来达到自己求人办事的目的呢？学会表达，掌握语言艺术，你就掌握了求人办事的诀窍。

会说话才能办好事

办事的关键就是"会说话""说好话"。会说话的人，一句话可以成事；不会说话的人，一句话却可以败事。会说话的人的恰当谈吐，可以增进人与人之间的了解，可以把彼此间的距离缩短。办事的时候懂得用语言打动人、说服人、感染人，让对方接受自己的观点，更容易把事情办好。

一个能说会道、言谈得体的人更容易受人欢迎，办事也更容易成功。如果一个人表达能力不强，则很容易被人低估，被认为能力不足。即使这样的人非常有思想、非常勤奋，具备了多种成功的条件，但其成功的概率仍然不是很高，所以，办事先要学会说话，这是非常关键的一步。

有个作家想请一位文化名人为自己的一本即将出版的书题写书名。得知来访者的意思后，这位一贯以幽默著称的名人笑着说："是题字啊，可以，不过，现在讲究经济效益，请我题字，是不是该付点钱啊？便宜一点儿吧，2000元一个字，怎么样？"这虽然是在开玩笑，但作家也听出了这位名人似乎对常有人打他手迹的主意颇有抱怨之意。

于是，他说："先生，您这话可是只说对了一半哟。要得到您的墨宝，理当付钱。可是，您的字何止值2000元钱一个字呢？比如说，我想要一件值2000元钱的衣服，这家商店买不着，还可以到别的商店去买呀，可您的墨宝只能出自您自己的手，天底下别无他处可寻。

在我看来，您的每个字都是无价之宝，我付多少报酬也不够啊！"几句话说得这位早已听惯了恭维之辞的名人，竟也觉得"别有一番滋味在心头"，遂欣然提笔。

很多会办事的人都是会说话的，因为会说话有助于别人了解你。尤其是上司对你的了解，会使你的才华充分得以体现，向上发展的空间充分打开。所以说，学会了怎样把话说好，在一定意义上就会在求人时事半功倍，进而把事办成。

在与别人交谈的时候，所要找的话题要有一定的亲切感，最好找这个人比较喜欢的话题，激起对方的共鸣，这样接下来再求人就容易多了。

英国伦敦有一家新加坡人开的餐厅，为招揽顾客，每当客人餐后离去时，总要奉送一盒礼品，内附精致"口彩卡"一张，上印有"吉祥如意""幸福快乐"等吉言。有一对恋人是这家餐厅的老主顾，他俩在结婚的那天，满怀喜悦地来到这家餐厅，在他们期待良好祝愿的时刻，打开礼品盒，却意外地发现没有往常的"口彩卡"，顿感十分不吉利，心里老大不高兴，他们便向老板娘"兴师问罪"，无论老板娘怎样赔礼道歉，他们就是觉得扫兴。看到这种情景，刚到英国探亲的老板娘的妹妹微笑着走上前去，说了一句英国常用谚语："没有吉言就是最好的吉言。"听到这句话，新娘展颜一笑，新郎也转怒为喜，高兴地和她握手拥抱，连连道谢。

在意外事件面前，姐妹俩的处理方式大不相同，姐姐采取的是正面消极应对的策略，而妹妹则采取侧面出击的办法。

那么，应该怎样说话才能让别人更容易接受呢？以下几条建议可以为你提供借鉴。

少说话多倾听

会说话不是非要长篇大论、喋喋不休，而是要把话说得恰到好处。我们在办事的时候，尤其是在求人办事的时候，一定要先做好一个倾听者。卡耐基曾经说过："你要衡量一下自己。"少说话不是不说话，而是使自己有更多时间去聆听别人的说话，去思考，使自己说出来的每一句话都有分量，被别人重视，精彩的话语往往能在听者的心中留下深刻的印象。

多赞美他人

每个人都愿意得到他人的承认，所以，在求人时我们不妨多赞美他人，拉近与对方的距离，博得对方的好感，为好办事打下好基础。

用语谦恭文雅

在求人办事时，礼仪必不可少，其中语言的礼仪更应该讲究。说话谦恭文雅，不得罪人，多用礼貌用语，这样说话的人才会受人欢迎，才能与人进一步沟通。反之，就可能导致对方不愿意与你接触，给办事带来麻烦。

找到对方的谈话兴趣点

每个人都有不同的爱好，求人办事会说话，最重要的一点是与他人有可交谈的话题。在这里我们要注意的是，不要围绕自己要办的事说来说去，而是要先与对方沟通。而要想顺利地沟通，首先要从对方的兴趣入手。

说话时态度诚恳亲切

与任何人谈话时，我们都要保持诚恳的态度。态度直接影响着别人对我们的看法。

有一位学者说过这样的话："如果你能和任何人连续谈上10分钟而使对方感兴趣，那你便是一流的沟通高手。"这句话看起来很简单，其实做起来并不容易，因为"任何人"这个概念范围是很广泛的。无论三教九流，哪个阶层的人物，你能和他谈上10分钟使他们感兴趣的话，都需要很高的说话涵养，要做到这一点真的不容易。

常常见到很多人虽然有口才，但因对对方毫无了解而相对默然，更不用说求人办事了，这是很痛苦的。其实只要肯下点工夫，多掌握说话技巧，从了解对方的个性、爱好入手，这种尴尬的情形就可以减少，甚至自己想成为一流的沟通高手也并非难事。

难言之时巧开口

求人之前必须充分与人沟通，在这个过程中，很多时候，由于当时人与环境的限制，个人的见解与看法难以言表，但重要的话又不可不说，否则便阻塞了沟通的渠道，事情也就无法办成。这时，只有用机巧的说话方式"开局"，才能将话说出口而不觉为难。

声东击西，委婉开口

每个人都有自己独特的性格，特殊的兴趣与不同的生活态度，因此，在与人沟通时，常常会产生观念上的冲突。所以如何适当地表达自己的意见，又能不否定他人的见解，实为现代社会一个重要的课题。

当我们的意见和观念与对方不同时，首先，在态度上，应当给予对方发表见解的机会，并且表明我们能够理解他的观点，然后再委婉地述说自己的想法。这样就可轻松友好地交换彼此的意见。

注重仪容和举止

作为 21 世纪的现代人，必须与他人建立和谐的人际关系，彼此互相扶持，共谋发展，而这一切的一切，都须依靠一个条件，那就是良好的仪容和端庄的举止。

比如说，一个态度亲切、举止端庄的人，给别人的第一印象必然是好的；反过来说，若是我们看见一个举止粗野、蓬头垢面的人，即使他满腹经纶，也会令人敬而远之。由此可见，良好的仪容和端庄的言行举止在人与人之间的沟通上，占据着一个重要的地位。只有在说话技巧与适当举止的充分配合下，才能圆满达到目的。

在日常生活中，我们常要求别人要有礼貌，遵守秩序，然而有时自己却疏忽了。人类社会是一个互动的社会，我们怎样对待别人，别人也会怎样对待我们。因此，只要我们处处以礼待人，那么我们在交谈上也易开口说话了。

借用"第三者"的话

当我们要安慰别人，或是恭维别人，却不知如何开口时，可利用这种方法，相信你会很自然地开口的。

有时，我们为了博得他人的好感，往往会赞美对方一番，但由自己说出"你看来还是那么年轻"之类的话，不免让人觉得你在奉承、拍马屁，有点儿不实在。

如果换个方式来说："你真漂亮，难怪小周一直说你总是那么年轻！"这样一来，对方必认为我们所言不假，当然会非常高兴。

在一般人的观念里，总认为"第三者"说的话较具客观性，较为公正，因此，我们可以针对这种心理，借用"第三者"的话，代替我们所要说的话，以此安慰他人，或赞美别人，这样不但能得到对方的信任，而且能使我们更容易开口了。

掌握恭维的艺术

吉斯菲尔伯爵说:"各人有各人优越的地方,至少也有他们自以为优越的地方。在其自觉优越的地方,他们固然喜爱得到他人公正的评价,但在那些希望出人头地而没有自信的地方,他们尤其喜欢得到别人的恭维。"

有一位非常精明强干的人叫沃普尔,吉斯菲尔对他评价道:"他的才干是不容别人怀疑的,因为对于这一点,他自己知道得很清楚。但他常常自恐在对待女人方面,是一个浮滑之徒,而愿意别人说他温存文雅。因此,他在这一点上是极易被人恭维奉承的,这也是他喜欢的话题。由此可以证明,这是他的弱点所在。"

吉斯菲尔进一步指出:"你若想轻易地发现各人身上最普遍的弱点,只要你观察他们最爱谈的话题便可。因为言为心音,他们心中最希望的,也是他们嘴里谈得最多的。你就在这些地方去搔他,一定能搔到他的痒处。"

经验告诉我们,几句恰到好处的恭维,之所以起到金石为开的作用,皆因它能满足各种不同的典型人物的虚荣心。

吉斯菲尔也告诉我们:"几乎所有女人,都是质朴的,但对美丽的仪容,她们是孜孜以求的。这是她们最大的虚荣,并且常常希望别人赞美这一点,但是对那些有沉鱼落雁之容、闭月羞花之貌的倾国倾城的绝代佳人,那就要避免对她容貌的过分赞誉,因为她对于这一点已有绝对的自信。如果,你转而去称赞她的智慧、仁慈,如果她的智力恰巧不及他人,那么你的称赞,一定会令她芳心大悦,春风满面的。"

林肯曾说："一滴甜蜜糖比一斤苦汁能捕获更多的苍蝇。"

恭维是一种博取好感和维系好感最有效的方法。它还是促进人继续努力卖命的最强烈的兴奋剂，这是由人性的本能所决定的。

人不分男女、无论贵贱，都喜欢听合其心意的赞誉。这种赞誉，能给他们加倍的能力、成就和自信的感觉，这的确是感化人的有效的方法。

然而，颂扬不当，恰似明珠暗投，更有甚者，反而激起对方的反感，这是大忌。只要我们心中掌握各人性情的不同之处，便能区别对待，有的放矢，使颂扬奏效，从而达到目的，把事情办好。

我们在恭维他人时应注意以下几点。

因人而异，使恭维具有针对性

恭维要根据不同人的年龄、性别、职业、社会地位、人生阅历和性格特征来进行。比如，男士就不宜过多地恭维女士的容貌；对青年人应恭维他的创造才能和开拓精神，对老年人则要恭维他身体健康、富有经验。

借题发挥，选择适当的话题

恭维本身不是交际的目的，而是为双方进一步交往创造一种融洽的气氛。比如，看到新型电视机、电冰箱先问其性能如何，看到墙上的字画就谈谈字画相关的知识，然后再借题发挥赞美主人的工作能力和欣赏能力，从而找到双方的共同语言。

语意恳切，增强恭维的可信度

在恭维的同时，准确地说出自己的感受，或者有意识地说出一些具体细节，都能让人感到你的真诚，而不至于让对方以为这是溢美之辞。如恭维别人的发型可问及是哪家理发店的手艺，说明自己很喜欢这样的发型。

美国总统罗斯福是一个使用这种方法的典型人物，他有一种对任何人都能使用恰当恭维的本领。罗斯福在赞扬英国首相张伯伦时说："我真感谢你花在制造这辆汽车上的时间和精力，造得太棒了。"总统还注意到了张伯伦费过心思的一个细节，特意把各种零件指给旁人看，这就大大增强了夸赞的诚意。

注意场合，不使旁人难堪

在有多人在场的情况下，恭维其中某一人必然也会引起其他人的心理反应。比如，你无意中恭维了考试成绩好的某人，那么在场的其他也参加了考试但成绩较差的人就会感到受奚落，这时就要寻找某些理由弥补，如向大家介绍某人复习时间太短，某人出差回来仓促上阵等原因，来挽回他们的面子。

措辞适当，不使人产生误解

在现实生活中往往会出现这样的事，说话者好心，而听话者却当成恶意，结果弄得不欢而散，因而恭维的语意要明确，避免出现歧义，让听话者多心。

掌握分寸，不要弄巧成拙

不合乎实际的恭维其实是一种讽刺，违心地迎合、奉承和讨好，也有损自己的人格。适度得体的恭维应建立在理解、鼓励、满足他人的正常需要及为人际交往创造一种和谐友好气氛的基础上，那种带有不可告人的目的，曲意逢迎是我们所不齿的。

要见什么人说什么话

求人办事不是什么话都能说的。有道是见什么人说什么话，说话不看对象就达不到求人办事的目的，就不能顺利地把事情办好。

首先要看对方是什么人，因为每个人的脾气秉性不同，所以他所能接受的说话方式就可能不一样。要想达到求人成功的目的，就要收集信息，因地制宜，运用恰当的技巧。千万不可意气用事，一言不合，怒发冲冠，引起被求对象的反感，这绝不是解决问题的正确方法。

死板木讷的人

这类人比较木讷，就算你很客气地和他打招呼、寒暄，他也不会做出你所预期的反应来。他通常不会注意你在说些什么，甚至你会怀疑他到底听进去没有。

求这种人的时候，刚开始多多少少会感觉不安，但这实在也是没办法的事。

比如，当你遇到 C 先生时，直觉马上告诉你："这是一个很死板的人。"此人体格健壮，说话带有家乡口音，至于他是怎样的一个人，你却不太清楚。除了从他表情中可以察觉些许紧张之外，其他的一点儿也看不出来。

遇到这种情况，你就要花些工夫注意他的一举一动，从他的言行中，找出他所真正关心的事来。你可以随便和他闲聊一些中性话题，只要能够使他回答或产生一些反应，那么事情也就好办了。接下去，你要好好利用此类话题，让他充分表达自己的意见。

比如，当你们聊到有关保龄球时，C 先生的话就开始多了起来，这表示他对这项运动很感兴趣。他很起劲地谈到打球的姿势、球场的情况和自己最近的成绩……原来死板的表情，竟一扫而空，代之以眉飞色舞。

每一个人都有他感兴趣、关心的事，只要你稍一触及，他就会开始滔滔不绝地说，此乃人之常情，因此你必须掌握好话题内容并利用这种人的心理。

傲慢无礼的人

有些人养尊处优，目中无人，时常表现出一副"唯我独尊"的派头。像这种举止无礼、态度傲慢的人，实在让人看了生气。他是最不受欢迎的人物，但是，当你不得不求他的时候，你应该如何对付他呢？

对付这类人，说话应该简洁有力才行，最好少跟他啰唆，所谓"多说无益"正是如此。因此，你要尽量小心，以免掉进他的圈套里。

不要认为对方客气，你就礼尚往来地待他。其实，他多半是缺乏真心诚意的。你最好在不得罪对方的情况下，言辞尽可能"简省"。尽量简单扼要地说明来意，办完事就行了。

毫无表情的人

人的心态和感情，常常会通过脸部的表情显现出来。所以在求人的时候，这些往往可作为判断对方心情的依据，然而，有些人却是毫无表情可言的，也就是说，他的喜怒是不形于色的。这种人不是深沉的就是呆板的。当你需要和这种人进行交谈的时候，最好的方法就是特别注意他的眼睛和下巴。

人们常说："眼睛是会说话的。"不错，眼睛是灵魂之窗，观其眸子，你自然可以揣测对方的心思。

你可以从对方的眼神中，看出他对你的印象究竟如何。有时候，自己会过分紧张连表情都不自在，此时，你不妨看看对方的眼神：是毫不在意、无动于衷，还是有所察觉？留意他的眼神，你一定可以得到答案。知道了他的态度，话自然就好说了。

与这种人沟通，别被他这种表情吓住，一定要放松、从容不迫。但要注意的是，当你明白对方的反应可能是受自己的态度所影响时，就不得不特别注意一下自己的言行举止了。

打开成功之门的说话技巧

在现实生活中，我们发现，求人办事有时候并不容易，对方总会表现出抵触情绪，这种情形下说话更需要讲究一些技巧。下面通过一些实例，教你一些具体做法。

缓言法

借助舒缓的语气来减轻话语的压力，避免唐突，充分维护对方的面子，例如："不知你可不可以把这封信带给他？"（比较：把这封信带给他！）

悲观法

通过流露不太相信能成功的想法把请求、建议等表达出来，给对方和自己留下充分的退路。例如："你可能不愿意去，不过我还想麻烦你去一趟。"

在请求别人帮忙或者向别人提出建议时，如果在谈话中发现人家可能不具备条件或意愿，就不要强人所难，自己也显得有分寸，同样也会赢得好感。

缩小法

尽量把自己的要求说得很小，以便对方顺利接受，满足自己的愿望和要求。例如："你帮我解决这一步就可以了，其余的我自己想办法。"

我们确实经常发现，人们在提出某些请求时往往会把大事说小，这并不是变着法儿使唤人，而是适当减轻给别人带来的心理压力，同时也使自己便于启齿。

谦恭法

通过抬高对方、贬低自己的方法，把有关请求表达出来，显得彬彬有礼、十分恭敬。请求别人帮助，最为传统的做法是尽量表示虔诚，使人家感到备受尊重，乐于从命。

体谅法

首先说明自己了解并体谅对方的心情，再把自己的要求或想法表达出来。例如："我知道你手头也不宽裕，不过实在没办法，只好向你借一些。"

求人的重要原则就是充分体谅别人，这不仅要在行动中体现出来，而且要在言语当中表示出来。

复数代词法

使用"我们"代替"我"，把自己的看法、意见、决定等表达出来，以免显得主观武断。例如："我们是实在没有办法了才来找您的。"（意即：这是大家的共同意愿）

在现代交往中，利用"我们"代替"我"是比较常用的礼貌表达方法。在政治活动、外交事务、学术交流、商务交往中，使用更为广泛。

视点推远法

在表达有关意思时使用代词等把时间、地点、事情等方面的视点推远。例如："那种事情费不了你多大劲儿。"

细细体会，使用远指代词比使用近指代词显得更婉转一些。

陈述常规法

就是在表达有关意思时仅仅把有关规定讲述一下，而不强调自己的主观看法，例如："上头规定这事由你负责，所以我非求你不可。"

在为公务求人时，陈述理由是一种比较通行的做法。这比以个人的口气发号施令要礼貌得多。在平常表示规劝的时候，这种方法有时也很好。

感激法

在提出请求、愿望等时，表示自己对人家非常感激，并且会铭记人家所做的一切。例如："如蒙鼎力相助，我们将不胜感激。""你的大恩大德，我们终生不忘。"

尊重别人的劳动，特别是重视别人对自己的帮助，这是人际交往的一条重要原则，应该在语言中表达出来。

暗示法

通过旁敲侧击的说话方式，把有关意思暗示出来，以免直接驱使对方，令人感到没有面子。例如："我要出差半个月，我养的那些花没人浇水，就得枯死。"（意即：你来帮我照看一下吧）

请人做事，不必都要具体详细讲明。在很多情况下只要给对方一点儿暗示即可，这样就显得很自然。

淡化法

有意使用轻描淡写的语言把有关意思表达出来，使之更易接受，更有意味。例如："请你帮我把这房间稍稍粉刷一下。"（意即：实际上需要彻底粉刷一下）

在提出建议、做出评估时，如果根据对方心理特点适当低调些，效果可能更佳。

夸张法

用夸张的方法把有关意思表达出来，通过说明事情的难度等，

求得对方的谅解。例如："我是上天无路，入地无门了。"（意即：不到最后关头，是不会给你添麻烦的）

在向对方表示歉意时，适当强调客观原因，可以表明并非主观不积极，因而容易得到对方的谅解。当然，这也要掌握好分寸，否则就会显得不实在。

矛盾法

使用自相矛盾的话语把有关意思表达出来。例如："我本来不想跟你提这事，可还是提了。"

回答对方的问话，有时表示肯定不好，表示否定也不好，使用模棱两可的话比较合适。

反语法

使用反语来表示亲密的揶揄、暗暗责备等，以免话语过分刻板，令人感到不自在。例如："你真会开玩笑！"（实际上对方不是开玩笑）"朋友找你帮忙，看你多热心！"（实际上他很冷漠）

反语要是使用得当，可以打破僵局，密切双方的关系，显得比较轻松愉悦。

反问法

通过反问句把有关意思表达出来，以免直陈己见，显得缺乏涵养。例如："我能怎么办呢？"（意即：事情太糟了，我什么办法也没有，在有些语言场合，使用类似的反问句确实比直抒胸臆要委婉得体一些。

含糊其辞法

就是使用不点名道姓的办法把有关意思表达出来，以免让人没有面子。例如："好像有人在上面卡我们。"（意即：这事是你干的）

在遇到有人故意刁难，请求对方高抬贵手时，不要把事情点破，尽量照顾人家的面子，是非常有益的。

站在对方的立场说话办事

在办事的时候，只顾自己的利益，不管别人的需要和利益，是非常愚蠢的做法。要想办成事，首先就要与对方站在同一个立场，多方为其考虑，让对方觉得你是"自己人"，这样才更益于办事。

某商店有位店员是位经营高手，他的营业额比一般营业员都高。有人问他："是不是因为能说会道，所以生意兴隆？"他回答说："不是，我的成功秘诀是善于理解、体察顾客的心理。"

一次，有位顾客站在柜台前对柜台里的布仔细察看。凭经验，营业员判断这位顾客是想买布面料，于是赶忙迎上前去说："您是想买这块料子吗？这块料子很不错，但是您要看仔细，这块布染色深浅不一，我要是您，就不买这一块，而买那一块。"

说着，店员又从柜台里抽出一匹带隐条纹的布料，在灯光下展开，并接着说："您像是公务人员，年龄和我差不多，穿这种料子的衣服会更好些，美观大方。要论价钱，这种料子比您刚才看到的那种每米多3元钱，做一身衣裳才多几十元，您仔细看看，认真盘算盘算，哪个合算。"

顾客见这位营业员如此热情，居然帮自己精心挑选，于是不再犹豫，买下了店员推荐的料子。

这位店员之所以能成功地做成这笔生意，就是因为他站在顾客的立场，替顾客精打细算，现身说法，使对方的戒备心理、防御心理大大降低，而且产生了一致的认同感，故而说服了对方。

　　站在对方的角度说话，就是要了解对方的心理，了解他的需求，了解他的困难，这种说服方法容易使对方接受，从而将事办成。

　　一家电器公司的推销员挨家挨户推销冰箱，当他走到一户人家时，恰好这户人家的太太正在往冰箱里放东西，就忙说："哎呀！你这台冰箱太旧了，用旧冰箱是很费电的。太太，该换新的啦！"

　　结果，还没等这位推销员说完话，这位太太马上产生了反感，驳斥道："你在说什么啊！这台冰箱是我结婚的时候买的，很耐用的，我都用了10年了，到现在还没有发生过一次故障，新的也不见得能好到哪儿去，我才不换新的呢！"这位推销员只好无奈地走了。

　　又过了几天，又有一名推销员来拜访。简单地沟通后，他初步了解了太太的心理，便说："这是一台非常有纪念意义的冰箱，因为很耐用，所以对太太您有很大的帮助呀。"

　　这位推销员先站在太太的立场上说出她心里想说的话，使得这位太太非常高兴，于是她说："是啊！这倒是真的。我家这冰箱确实已经用了很久，是有点旧了，我正在考虑换一台新的冰箱呢。"

　　于是推销员就说："换了是有点不太舒服，但是现在的冰箱质量也不错，而且省电、环保，相信对您的家庭还是有好处的，如果您想换的话，可以看看我们公司的产品。"

　　用这种说服技巧，对推销产品确实大有帮助，因为这位太太已动了购买新冰箱的念头。至于推销员是否能说服成功，回答十有八九是肯定的，只不过是时间长短的问题了。

　　在求人办事过程中，当你感觉到对方仍对他原来的想法保持不舍的态度，此时最好的办法，就是先接受他的想法，或者先站在他的立场发言。先接受对方的立场，说出对方想讲的话，然后再说出更好的做法，这样才更容易打动人，也对求人办事有所帮助。

办事要讲究语言艺术

孙武有句名言："知己知彼，百战不殆。"说话求人，也是这个道理，不能不看对象，否则往往会伤害对方的面子。如果了解了对方的情况，即使发表一些大胆的言论，也不会对对方造成伤害，从而比较容易达到自己求人的目的。

看对方的身份地位说话

《世说新语》中有这么一则故事：

三国时期，许允担任魏国的吏部侍郎，他在选派官员的时候，多选择他的同乡。魏明帝听说这件事情以后，心中开始犯嘀咕，认为许允是在结党营私，居心不良，于是就派侍卫将他传去问话。

许允哪里想到人在家中坐，祸从天上来，当他被皇帝的侍卫带走的时候还莫名其妙。好在他的妻子脑袋极为清醒，赶出来提醒他说："聪明的君主只能以理说服，不能依靠软语相求。"

魏明帝一见许允就责问他为什么只重用同乡，是不是有什么不良企图。许允想起妻子的话，便理直气壮地说："孔子曾经说过，在举荐人才的时候要'举尔所知'。我之所以任用我的同乡，那是因为我对他们非常了解，觉得他们担任那些职务非常合适。如果陛下认为臣所说的话有不实之处，完全可以去考察他们，看看他们到底称职还是不称职。如果不称职，臣甘愿承受一切责罚，但如果情况属实，还请陛下开恩放臣回去。"

　　魏明帝便对许允举荐的那些同乡做了一番细致考察，发现每个人都可以胜任其职，于是对许允褒奖一番，让他回家了。

　　许允重用同乡，并未违反魏国的荐举制度。不管他此举用意何在，也不管这么做是否妥当，只要完全合乎皇帝认可的"理"，他就高枕无忧。许允的妻子也明白，和皇帝打交道难于求情，却可以据"理"相争，所以，她才叮嘱丈夫要以理服人。许允同样明白这个道理，面对皇帝的责问，坦然以孔子举荐人才时要"举尔所知"相对，并通过用人称职这条硬道理，摆脱了自己结党营私、居心不良的嫌疑。这可以说是善于根据说话对象的身份来选择说话方式的绝好例子。

看对方的性格说话

　　求人办事时说话，除了要考虑对方身份以外，还要注意观察对方的性格。对于不同性格的对象，一定要具体分析，区别对待。了解了对方的个性和喜好，做到知己知彼，再灵活运用"三寸不烂之舌"的功力，一定能"笼"到人心。

揣摸对方的心理说话

　　通过对手无意中显示出来的态度及姿态，了解他的心理，有时能捕捉到比语言表露更真实、更微妙的思想。

　　当然，对请托对象的了解，不能停留在静观默察上，还应主动侦察，采用一定的侦察对策，去激发对方的情绪，才能够迅速准确地把握对方的思想脉络和动态，从而顺其思路进行引导，这样的会谈易于成功。

　　针对不同的办事对象谈话或请托应考虑以下几个方面：

性别差异：男性需要采取较强有力的劝说语言；女性则可以温和一些。

年龄差异：对年轻人应采用激情的语言；对中年人应讲明利害，供他们斟酌；对老年人应以商量的口吻，尽量表示尊重的态度。

地域差异：生活在不同地域的人，所采用的劝说方式也应有所差别。如对我国北方人，可采用豪爽的态度；对南方人，则应细腻一些。

职业差异：要运用与对方所掌握的专业知识较紧密的语言与之交谈，对方对你的信任感就会大大增强。

性格差异：若对方性格豪爽，便可单刀直入；若对方性格迟缓，则要"慢工出细活儿"；若对方生性多疑，切忌处处表白，应不动声色，使其疑惑自消。

文化程度差异：一般来说，对文化程度低的人所采用的方法应简单明确，多使用一些具体数字和例子；对于文化程度高的人，则可采用抽象说理的方法。

兴趣爱好差异：凡是有兴趣爱好的人，当你谈起有关他的爱好方面的事情来，对方都会兴趣盎然。同时，对你无形中也会产生好感，为你找人办事儿打下良好的基础。

看对方的文化层次说话

自命清高者常常是洁身自好的墨客文人，或者是那些自命不凡、看破红尘的人。这种人文化层次一般都较高，他们不愿与常人来往，比较希望同有才华的人结交，因此要顺利地叩开这种人的大门，最有效的办法就是善于表现自己，设法展示出自己的才华，使其因爱"才"自开家门。

一个文化层次较高的人到乡下或基层找普通农民或工人办事

儿，就不应该装腔作势、满嘴文绉绉地高谈阔论，也不能以文交心，以诗会友。而应该放下文人架子，用老百姓容易接受的话进行沟通和交流，这样才能显得平易近人，与对方没有文化距离和心理距离。对方一旦有了这样的感受，办起事情来就会很痛快。

用坦诚的话语打动人

由于说话态度不同，语言既可以成为建立和谐人际关系的强有力的工具，也可以成为刺伤别人的利刃。语言可以表现出一个人的人格。即使是说话比较笨拙的人，只要具有发自内心的关怀对方的心情，其心情就能在话语间充分流露出来。相反，如果没有发自内心的关怀的心情，即使用再多华丽的语言，也会被对方看穿。所以，满怀真诚是最重要的。

在洽谈生意或说服对手时，用真诚的说话态度，容易招人喜欢，被人接纳。入情入理的话，一方面显示说服者坦诚的态度，另一方面又尊重对方并为对方着想。这样无论在交易原则上，还是在人的情感上都达成了沟通，扩大了双方的共识，促使合作成功。

松下电器公司还是一家乡下小工厂时，作为公司领导的松下幸之助总是亲自出马推销产品。在碰到杀价高手时，他就说："我的工厂是家小厂。炎炎夏日，工人在炽热的铁板上加工制作产品，大家汗流浃背，却努力工作，好不容易制出了产品，依照正常利润的计算方法，应当是按我给出的价钱承购。"

对手一直盯着他的脸，听他叙述。听完之后，展颜一笑说："哎呀，我可服你了，卖方在讨价还价的时候，总会说出种种不同的话，但是你说得很不一样,句句都在情理之中。好吧,我就照你说的买下来好了。"

松下幸之助的成功,首先在于他真诚的说话态度。他强调自己是依照正常的利润计算方法确定价格的,自己并无贪图非分之财的意思,同时也暗示对方无讨价还价的余地。这就使对方调整角度,与其达成共识。

松下幸之助的语言充满情感,他强调了工人劳作的艰辛,创业的艰难,劳动的不易,语言朴素、形象、生动,语气真挚、自然,唤起了对方切肤之感和深切同情。

正如对方所说的,松下幸之助的话"句句都在情理之中"。对方接受自然也在情理之中。

用真诚的态度说话不应是一种技巧,而应是人在社会上的立身之本,在这种本位下,说出的每句话都是闪烁着朴实光泽的,易于被人接受,这种本位下的交流方式是一种最值得信赖的交流方式。

在我们与人沟通时,必须秉持着一颗"至诚的心",不要巧言令色、油嘴滑舌,并根据时间、场所和对象的不同,将自己最好的一面通过"说话"表达出来,如此才能建立良好的人际关系,使自己融入群体之中。

费城的耐佛先生,多年来一直想把燃料卖给一家大连锁店,但是这家连锁店一直从外地购买燃料,运货的路线正是从耐佛先生办公室的门口经过。耐佛先生晚上就在卡耐基(西方现代人际关系教育的奠基人)的课堂上演讲,并且大骂这家连锁店。

卡耐基建议他改变战略。首先,他们准备在课堂上举行一次辩论会，主题就是连锁店的广布，对国家害多益少。于是卡耐基建议耐佛先生加入反方，他同意了。耐佛先生由于要为连锁店辩护，便前去拜访一位他原本瞧不起的连锁店经理，告诉他"我不是来推销燃料的，我是来找你们帮个忙"。他把来意说清后，并特别强调："我来找你，是因为我想不出还有其他人更能提供给我事实。我很希望能赢得这场辩论，无论你提供什么给我，我都十分感激。"

后来耐佛先生回忆："我原先要求这位经理只拨出一点儿时间，所以他才同意见我。当我把事实说出之后，他指着一张椅子要我坐下，并且用了一个多钟头的时间。他请来另一位主管，这位先生写过一本有关连锁店的专论，他觉得连锁店提供了最真实的服务，他也以自己能够为许多社区服务为荣。当他侃侃而谈的时候，两眼发亮，我也不得不承认他的确让我明白了许多意想不到的事。他改变了我整个人。

"在我离去的时候，他陪我走到门口，用手搅住我的肩膀，祝我辩论得胜，并且要我再去看他，让他知道辩论的结果。最后，他向我说：'春天来的时候请再来看我，我很愿意向你买些燃料。'这真是奇迹，他居然主动提起买燃料的事。由于我对他们连锁店的关心，使他也转而关心我的产品，因而能在这一个多钟头里，达成10年来所不可能达成的事。"

耐佛先生发现的并不是什么崭新的真理。早在公元前100年，有个罗马诗人帕利里亚斯·赛洛斯就说过："说话真诚，语气亲切随和，不卑不亢，入情入理，这是成功地打动对方的原因所在。"

由此可见，坦诚的语言是我们求人办事所必须具备的条件。想要别人为你积极办事，必须学会坦诚待人。

求人办事中常见问题与对策

我们在求人过程中要学会察言观色，并随机应变。这也是为人处世的一种本领。我们在求人时往往不会一帆风顺，常常会遇到一些意想不到的情况。我们应全神贯注地与对方交谈，与此同时，也要对这些意料之外的信息敏锐地感知，并做出恰当的处理。

对方若面露难色要及时改变语气

在求人办事时，许多经验丰富的人都特别留意谈话过程中对方表情的变化。因为他们明白，只有能够时时注意对方的心理、周围的状况而随时应变，才有把事情顺利办成的可能。

每个人都有不同的表达思想的方式，并不是非用言语不可。尤其是对那些语言不易表达的感情，人们往往总是通过脸部表情来显现的。

有的时候，人们对自己反对的意见，会故意让对方了解或看出，但是有些时候，他们非但不想让对方知道，甚至想隐藏起来。不论哪种情况，都或多或少会显现在人的脸上。当它展现出来时，如果你不注意而继续自顾自地说下去，就会带给你不利的后果。

因此，当你和他人面谈时，要随时注意对方的表情，一旦对方出现了"难色"时，要立刻停止自己原先强迫性的说法。如果你改变语气或说辞之后，对方的那种表情尚未消失，可以直率地问对方是否有什么困难，这样做可以将对方难以启齿的心事或是心理上的疙瘩予以表面化，同时更能了解对方的心理。

对方顾左右而言他

即使是初次见面，有些人在谈话时，也会不知不觉地扯到主题以外的事，而且愈扯愈远，然而，现代社会生活忙碌，面谈的时间实在有限。因此，当对方尽讲些与主题无关的事时，性急的人就会焦躁不安，想把话题扳回来。不过，如果想多了解对方，让自己的计划更顺利地进行，就不要这样做。

依常理判断，对方将话题转向，会有三种情况：第一，是完全不小心，也就是不知不觉地将话题扯远了；第二，是心血来潮，忽然想到了他得意的事；第三，是故意转变话题，不愿意再谈原来的事。这三种情况中无论哪一种叫你遇上，最聪明的办法是以静制动，暂时不要去打岔，让对方说下去。出现第一种情况时，对方一般会突然想起来自己跑题了，而主动地打住。出现第二种情况时，等讲完了这件事，他自然会回到原来的话题上。如果对方总是云里雾里地讲个不停，那就很可能是第三种情况了！既然是第三种情况，那就表示他不愿意与你商谈本话题，你再勉强反而会导致对方不快，你不妨索性利用这个机会去观察他的心意与动向。

应该主动中止的谈话

对方一面跟你说话，一面眼往别处看，同时在跟别人小声说话，这表明刚才你的来访打断了什么重要的事，对方心里惦记着这件事，虽然他在接待你，却是心不在焉。这时你最明智的方法是打住，丢下一个最重要的请求告辞："您一定很忙。我就不打扰了，过一两天我再来听回音吧！"你走了，对方心里对你既有感激，也有内疚："因为自己的事，没好好接待人家。"这样，他会努力完成你的托付，以此来补报。

在交谈过程中突然响起门铃、电话铃，这时你应该主动中止交谈，请对方接待来人、接听电话，不能听而不闻滔滔不绝地说下去，使对方左右为难。

当你再次访问希望听到所托之事已经办妥的好消息时，却发现对方受托之后尽管费心不少但并没圆满完成甚至进度很慢。这时难免发急，可是你应该将到了嘴边的催促化为感谢，充分肯定对方为你做的努力，然后再告之以目前的处境，以求得理解和同情。这时，对方就会意识到虽然费时费心却还没有真正解决问题，产生了好人做到底的决心，进一步为你奔波。

第二章 ▷

善用人脉，多个朋友
多条路

人际关系学大师卡耐基说过："成功只有15％是依靠专业技能，而85％则要靠人际关系。"由此可见人脉是求人办事成功的关键，是办事时最可依赖的凭仗。办事有心的人自然懂得人脉的重要性，他们会经常和朋友、同学、老乡以及人际关系网中的其他成员保持联系，在办事前已经为自己打造了四通八达的人脉网络。

人脉是成事的关键

成功的人大多有强大的人脉资源。这种人脉资源由各种不同的朋友组成，有新朋旧友、有前辈、有同辈或晚辈、有地位高的、有地位低的、有不同行业的、有不同特长的、有不同地方的……这样的人脉资源是一张庞大的网络，他们通过这张网络得到信息、得到帮助，所以他们办事时无往不利。

比尔·盖茨之所以能取得今天的成功，除了他的智慧和能力之外，还有一点，就是善于利用关系网。当比尔·盖茨创建微软公司的时候，他还是一个无名小卒。但就在这个时候，他跟当时世界一流的公司 IBM 签了一份合约，这也为他以后的成功奠定了良好的基础。

人们不禁要问：比尔·盖茨当时只是一个毛头小伙子，怎么能钓得到这么大的鱼呢？这是因为比尔·盖茨的母亲是 IBM 公司的董事。作为董事的妈妈介绍儿子认识董事长，这不是轻而易举的事情吗！

人是群居动物，要想在社会上生存和发展，与各种各样的人打交道是必不可少的。要想成事，打造好人脉网更是关键。

人脉网的好坏，不但体现了一个人的社交能力，更是能否成事的关键。有句歌词说得好："千金难买是朋友，朋友多了路好走。"朋友其实就是人脉网的代名词，如果拥有超强的人脉网、广阔的人脉，那将是一笔不可估量的无形资产，对于求人办事更是具有决定性的意义。

上海视点公司的成功，绝对离不开朱艳艳的努力奋斗以及她广泛的办事人脉网。作为一名成功的公关服务业人士，她善于利用自己的人际关系网，也懂得怎样维护自己的关系网。

当年，朱艳艳利用自己在酒店工作期间和媒体、政府部门建立的良好关系，为联合利华、惠而浦等多家国际知名的大公司提供公关服务。上海视点公司之所以成立很短的时间，就有如此多的客户，与她和各部门建立良好的关系是分不开的。可以说，庞大的关系网正是她成功的开端。

在大酒店当公关经理时朱艳艳曾认识了许多不同层次的朋友，凭着女性独有的周到、温柔，把他们照顾得无微不至，而且节假日不忘发贺卡等表示关心。那些朋友也把她纳入了自己的关系网。下面要说的这位美资公司的朋友就是朱艳艳所认识的朋友帮她介绍的。

1997年底，朱艳艳和她的公司获得了一次良好的机会。当时美国的家用电器巨头惠而浦公司正在寻找公关公司。这次，朱艳艳再次发挥了关系网的能动性，她找到一位在惠而浦工作的朋友，登门拜访后又把他请到家里来，拉近了彼此的距离，在交谈时通过重温友情顺便提到了自己的业务，那位朋友便毫不犹豫地答应可以帮她见到惠而浦公司的负责人。

关键时刻，朱艳艳为这次会面作了充分的准备。她发挥自己的优势，仅仅用短短的十几分钟，就非常流畅地将自己的视点公司能提供的公关服务阐释清楚了。这次短暂的交流，给对方留下了深刻的印象，尤其是对于她广泛的人脉网络，对方给予了很高的评价，惠而浦的负责人对她产生了信任，于是当场和朱艳艳成交。惠而浦因此成为视点的客户。

之后，宽阔的人脉网又为她带来了最重要的大客户——联合利华。惠而浦洗衣机和联合利华旗下的奥妙洗衣粉联合搞促销时，惠而浦的销售人员对朱艳艳的视点公司赞不绝口，一旁奥妙的品牌负责人听后动了心思。很快，奥妙就成了朱艳艳公司的客户，随后，视点公司良好的服务使联合利华也成为他们的顾客。

朱艳艳的成功正是依靠她高超的社交艺术，一点点建立起来良好的人脉网。她明白广告公司最主要的业务是公关，提供的服务就是和"人"、和企业的关系，所以，在举行新闻发布会的时候，朱艳艳总会细心地记下到场记者身份证上的出生日期。假如新闻发布会正好有记者过生日，朱艳艳会让人提前准备一大束鲜花，收到鲜花的记者都很感动。这一束花里包含的关怀和祝福正是一种人情的积累。

朱艳艳细微而温馨的办事方法，让她始终和媒体保持着良好的关系，当视点公司组织新闻发布会等活动，新闻记者总是给予热心的关注，并做出最好的宣传。此外，她的热心还扩展到朋友当中，使其关系网越来越大，也越来越广泛，为其公司的发展起到了重要的作用。

从这个故事中，我们会认识到，人们在生活中需要社交，更需要具有稳定的办事关系网。中国人讲"天时、地利、人和"，并强调天时不如地利，地利不如人和。这里所说的"人和"，正是一个稳固的办事关系网。

有的人可能会觉得自己社交面太窄，认识的人太少，实际上，你的关系网远比你意识到的要广大得多。你实际拥有的网络延伸到了你每天都有联系的人之外，更多的联系包括你与之共同工作和曾经一同工作过的人们，以前的同学和校友、朋友，你整个大家庭的成员，你遇到过的孩子的父母，你参加研讨会或其他会议时遇到的人，这些人都会是你的人脉网络成员。你的网络成员还包括那些你在网络中认识的人，以及与他们有联系的人。只要你能努力处理好与他们的关系，你的关系网就会越来越大，当然，你办事成功的概率也会越来越高。

认识你的人脉

提起人脉网，有时人们带有某种贬义，这是片面的。人脉网本身没有错，它是中性的，关键看它是怎样建立起来，怎样运用的。如果建立人脉网时，不违背一定的道德标准，运用人脉也没有超出法律的规定范围，那么，这样的人脉网不妨去精心编织。在我国，建立健康的、符合社会主义道德标准和法律制度的人脉网，对社会有利，对单位有利，对个人的成功更是不可或缺的。

外国的成功学有"友谊网"之说，并认为，喜欢别人，又能让别人喜欢的人，才是世界上最成功的人。成功的人们大多喜欢广泛交际，形成自己的一个"友谊网"。比如，你要请求一位朋友推荐几个可供你拜访的朋友，但这位朋友比较内敛，不善于交际，事业也不怎么成功，他只能为你提供一两个人，而且很费劲儿才找到这一两个人的电话。这事对于成功的人就不同了，他会推荐出一大堆朋友，而且是在长长的名单上寻找，因为名单上包括各式各样的朋友。

由此显示出成功者与失败者在交友方面的差别。

人脉网由各种不同的朋友组成，有故交，有新朋；有男的，有女的；有前辈、同辈或晚辈；有地位高的，有地位低的；有不同行业的，有不同特长的，也有不同地方的……这个关系网中的朋友，能够在你需要的时候从不同的角度为你提供不同的帮助；当然，你也要根据他们不同的需要为他们提供不同的帮助。

人脉网既然称作"网"，就应当具有网的特点。也就是说，在这张网上朋友的构成应该有点有面，分布均匀。有的人交友却不是这样，他们结交朋友的范围十分狭窄，分布十分不均。只在自己熟悉的范围内结交一些人，而这些人的行业和特长比较单一，这样就构不成一张标准的关系网。当然，不同的行业和不同的爱好可能会对交友形成较大的影响。如果你是一名学者，你结交的学者朋友可能就是你的各种关系中最集中的人群；如果你是干部，你周围的许多朋友大多数也可能是干部。其他各行各业都可以依此类推。这就是我们在编织关系网的时候，常常受到的局限，这种局限关系到人脉网的"使用价值"和其他质量。假如你是一名干部，你是否有必要提高自己的理论水平？回答是肯定的。那么，你是否有必要结交理论界的朋友？回答也是肯定的。那么，在理论界得到朋友的帮助就是必不可少的，这样，会避免很多仅靠自己的能力也很难克服的困难。

人们常说的优势互补，应适用于人脉网的构造。你有这方面的优势，同时就可能有那方面的劣势。打个简单的比方，你会著书立说，但你未必会在衣食住行等各个方面样样精通，那么，你不精通的领域，或者你很少涉及的领域，就需要在那些方面精通的人的帮助。如果，朋友的结构太单一，就难以做到这一点。所谓优势互补，说的就是这个道理：你用你的优势，去弥补他人的劣势；以此换取他人以自己的优势来弥补你的劣势。这就要求交朋友不能太单一，不能完全局限于自己的同行、具有共同爱好和兴趣的人之间。正是因为你在某一方面有特长、有爱好、有优势，才要有意识地结交与你的特长、爱好、优势有差别的人。

广泛与人交往是机遇的源泉。交往越广泛，遇到机遇的概率就越高，遇事时求人也才会更易成功。有许多机遇就是在与朋友的交往中出现的，有时甚至是在漫不经心的时候，朋友的一句话，朋友的一个手势等都可能帮你把握住难得的机遇。在很多情况下，就是靠朋友的推荐，朋友提供的信息和其他多方面的帮助，人们才获得了难得的机遇，因此，从这个意义上说，交往广泛，机遇就多。但不可急功近利，有许多机遇是在交往中实现的，而在最初交往中，人们很可能没有看到这种机遇，在这个时候，不要因为没有看到交往的价值，就不去尝试作这种交往。有谁能够预测天边哪块云彩会下雨呢？

每一个伟大的成功者背后都有另外的成功者。没有人是万事不求人，只靠自己一个人达到事业的顶峰的，一旦你许诺自己要成为出类拔萃的人，你就可以开始吸收大量对你有帮助的人和资源了，而在某些领域有所建树的人则是你所有资源中最大的资源。你要做的就是寻找到他们，以他们为根基构建有助于你的事业的人脉网。

构建良好的关系网

构建一个良好的关系网是成功人士一个最基本的办事原则。很多时候，单单靠几个好朋友解决不了大事，我们应该尽量营造一个良好的关系网。因为只有这样，才能为自己在有求于人的时候，构建一个充足的后备资源队伍，从而达到有求必应的目的。

建好关系网

有的人整天忙忙碌碌，认识很多人，整天为应付自己找来的关系而叫苦连天。如果"网"织得很大，但是漏洞百出，而且有可能有许多死结，使用起来没有实效，"撒进海里也网不到鱼"。人的精力是有限的，这时就要理顺关系网，该增的增，该删的删，该修的修，该补的补。那该如何构建一个好的关系网呢？具体做法有以下几点：

第一步，就是筛选。把与自己的生活事业范围有直接关系和间接关系的人名记在一个本子上，把没有什么关系的人名记在另一个本子上，这就像是打扑克中的"埋底牌"，把有用的留在手上，把无用的埋下去。这就避免了该抓的关系没抓，不该抓的关系倒抓了，不至于既浪费了时间，也会耽误办事。

第二步，就是排队。要对自己认识的人进行分析，列出哪些人是最重要的，哪些人是比较重要的，哪些人是次要的，根据自己的需要排队。这就像打扑克中要"理牌"一样，明白自己手里有几张主牌，几张副牌；哪些牌最有力量，可以用来夺分保底，哪些牌只可以用来应付场面。

由此，你自然就会明白，哪些关系需要重点维系和保护，哪些关系只需要保持一般联系和关照，从而决定自己的交际策略，合理安排自己的精力和时间。

第三步，要对关系进行分类。生活中一时有难，需要求助于人的时候，事情往往涉及很多方面，你需要很多方面的支持，不可能只从某一方面获得。

比如，有的关系可以帮助你办理有关手续，有的关系则能够帮助你出谋划策，更有的还能为你提供某种信息。虽然作用不同，但对你都可能是至关重要的。所以一定要进行分门别类，对各种关系的功能和作用进行分析、鉴别，把它们编织到自己的关系网之中。

设计"联络图"也许不难，但是要把它的内容落到实处就不那么容易了。一是要识门。也就是说，对于与自己求助的事情有重要关系的部门人员一定要清楚，要熟悉他们的工作内容和业务范围。二是要识路。也就是说，要熟悉办事的程序：先从哪里开始，中间有哪些环节，最后由什么部门决定，都应该非常清楚，省得跑来跑去，重复找人。

有了一张好的"联络图"后，聪明的人就会懂得如何保护和维系这张图，使它一直有效。他应该不断地和图上的人保持联系，加深彼此之间的了解和合作；保持旧的关系，发展新的关系，使自己的"联络图"越来越丰富。

这时，你就可以画张"求人联络图"了。记得京剧《智取威虎山》中，杨子荣就是凭一张"联络图"打入匪巢的，而土匪头子朝思暮想的也就是那张"联络图"，因为有了它，坐山雕就可以占山为王了。

一个人托人办事的实力和资历也往往体现在这张"联络图"上。有本事的人，他的这张图质量高、价值大，在需要托人办事时可以左右逢源，路路通畅。

随时调整关系网

世界上的一切事物，都处于不断的运动、变化和发展之中。我们的人际关系网，如果不随着客观事物的发展而发展，就会逐步处于落后、陈旧甚至僵死的状态，因此，一个合理的人际关系网，必须是能够进行自我调节的动态关系网。

要不断检查、修补关系网，随着部门调整、人事变动来及时调整自己手中的牌，修补漏洞，及时进行分类排队，不断从关系之中找关系，使自己的关系网一直处于有效状态。

在实际生活中，需要调节人际关系网的情况一般有三种：

一是奋斗目标的变化。也许你的奋斗目标已经实现，也许你的奋斗目标又变了，这需要你及时调节人际关系网，以便为新的目标有效地服务。

二是由于生活环境的变动。在当今这样的信息社会，人口流动性空前加强，本来在 A 地工作的你，忽然又到 B 地去工作。这种环境变动，势必会引起人际结构的变化。

三是某些人际关系的断裂。天有不测风云，例如，亲密的挚友去世了，在悲哀的同时，不能不看到人际结构的变化。

可见，调节人际关系网有被动调节和主动调节两种。不管是何种调节，都要求我们能迅速适应新的人际结构。

为此，我们在建造人际关系网时，就要不断地进行更新和优化，从而组建一个良好的人际关系网络。有了广阔的关系网，办事就顺畅多了。

把握好你的人情投资

要想求人办事顺利，就要提前准备筹划，把人情留好，办起事来就容易多了。

万事求人难。现实生活中，为了求人成功，人们运用各种各样的方法，甚至无所不用其极。其实，用人情打通关系不是一时就能见效的，这需要有预见性的感情投资，并耐心等待，办事时才会有成功的喜讯来临。

俗话说"在家靠父母，出门靠朋友"，多一个朋友多一条路。要想人爱己，己须先爱人。只有时刻存有乐善好施、成人之美的心思，才能为自己多储存些人情。这就如同一个人为防不测，须养成"储蓄"的习惯，这甚至会让他的子孙后代得到好处，正所谓"前世修来的福分"。

日本某公司的山本董事长为人手腕高人一筹，他运用感情投资的人情效应，为企业长期的发展立下了大功。

山本董事长的交际方式与一般企业家的交际方式不同之处：不仅重视要人，对与自己合作的公司里的年轻职员也殷勤款待。

山本长期承包一些大电器公司的工程，他总是想方设法将电器公司内各员工的学历、人际关系、工作能力和业绩，作一次全面的调查和了解，当他认为某个人大有可为，以后会成为该公司的要员时，就对这个职员尽心款待。山本董事长这样做的目的，是为了日后获得更多的利益。他现在做的"亏本账"，日后会利滚利地收回。

当山本看到合作伙伴的公司中有年轻职员晋升到科长时，他会立即跑去庆祝，赠送礼物。同时还邀请他到高级餐馆用餐。年轻的科长很少去这类场所，因此，对他的这种盛情款待自然十分感动，心想："我从前从未给过山本董事长任何好处，并且现在也没有掌握重大交易决策权，山本董事长就这么看得起我，他真是位大好人！"无形之中，这位年轻科长自然产生了感恩图报的心理。

如果这位职员感到受宠若惊，想借故推脱，山本就说："我们企业有今日，完全是靠与你们公司的合作。因此，我向你这位优秀的职员表示谢意，也是应该的。"这位职员就没有了心理负担，自然而然地与山本成了朋友。

这样，当有朝一日这些职员晋升到处长、经理等要职时，还会记着山本董事长的恩惠，不会中断与他的公司的业务联系。

在生意竞争十分激烈的时期，许多承包商倒闭的倒闭了，破产的破产了，而山本董事长的企业却仍旧生意兴隆，这是由于他平常人情投资多的缘故。

山本董事长"放长线"的手腕，显示了他运用人情效应的能力。求人交友要有长远眼光，尽量少做临时抱佛脚的事，要注意有目标的长期感情投资。

在关键的时候替自己积攒一些人情，当自己有困难的时候说不定就能得到别人的回报。雪中送炭、口渴喂水，对身处困境中的人仅仅有同情之心是不够的，应给予具体的帮助，使其渡过难关，这种分忧解难的行为最易和对方产生感情，进而形成友情。

生活中有许多人抱着"有事有人，无事无人"的态度，把朋友当作受伤后的拐杖，复原后就扔掉。此类人大多会被抛弃，没人再给他帮忙。他去施恩，也没有愿意领他的情。不肯帮助人，总是太看重自己一丝一毫的得失，这样的人最不受人欢迎。别人伸出求援的手，他会冷冷地推开；别人痛苦地呻吟，他却无动于衷；至于路遇不平，更是不会拔刀相助；就是见死不救，也许他还会有十足的理由。自私，使这种人吝啬到了连微弱的同情和丝毫的给予都拿不出来，因为他的心只能容下一个可怜的自己，对整个世界都不关注和关心，其实，他也在一步步堵死自己所有可能的路，同时也在拒绝所有可能的帮助。

究竟怎样去结得人情，并无一定之规。对于一个身陷困境的穷人，一枚铜板的帮助可能会使他缓解一下极度的饥饿和困苦；对于一个执迷不悟的浪子，一次促膝交心的帮助可能会使他建立做人的尊严和自信；就在平常的生活中，对一个正直的举动送去赞赏的眼神，这一眼神无形中可能就是正义强大的动力；对一种新颖的见解报以一阵赞同的掌声，这一掌声无意中可能就是对革新思想的巨大支持；对一个陌生人很随意的一次帮助，可能也会使那个陌生人悟到善良的难得和真情的可贵，说不定他有能力投桃报李时，便会毫不犹豫。

一个没有人情味的人，永远无法在求人时得偿所愿。从感情投资获得人情，要掌握以下基本要领：

施恩时不要说得过于直露，挑得过于明了，以免令对方感到丢了面子，脸上无光。帮过别人的忙，更不要四处张扬。

施恩不可一次过多，以免给对方造成还债负担，甚至因为受之有愧，与你疏远。

给人好处还要注意选择对象。像狼一样的人，你帮他的忙，说不定他还会被反咬一口。

关系要越用越活

前面我们提到了每一个人的生存和发展都离不开他人的支持和帮助，而每一个人也都有可能去帮助别人，人们只有在这种互帮互助中才能获得共同的发展。从另一个角度来讲，我们每个人都或多或少地拥有一些社会关系，而且这些关系是可以互用的，如果我们每个人都能够充分使用这些关系来为自己办事，那么最终的结果将是大家获得共赢。

可能我们大家都看到过这样一个极富哲理的小故事：

有一个人被上帝带去参观天堂和地狱，以便比较之后能明白天堂和地狱的区别。

他先去看了魔鬼掌管的地狱。第一眼看去，他十分吃惊，他看到所有的人都坐在餐桌旁，而且在他们每个人的面前都摆着一个盛满美味佳肴的大盘子，然而，当他仔细看那些人时，却发现这些人中没有一张笑脸，也没有伴随盛宴的音乐或狂欢的迹象。坐在桌子旁边的人看起来沉闷无比、无精打采，而且个个骨瘦如柴。他们为什么不狼吞虎咽地品尝美味而宁愿挨饿呢？原来他们每人的左臂上都捆着一把叉，右臂上捆着一把刀，刀和叉都有4尺长的把手，因为把手太长，他们无法吃到近在嘴边的美味，所以他们一直在挨饿。

上帝又带着他来到了天堂，同样的食物和餐具，可是这里的人却红光满面，欢声笑语，生活得十分快乐。来人发现这里的人虽然同样吃不到自己嘴边的食物，但是他们却想到了相互喂食的方法——他们用自己手臂上捆着的餐叉去喂对面的人，而对面的人又反过来喂自己，这样一来，所有的人都吃到了可口的食物。

这个小故事告诉我们这样的一个道理：寸有所长，尺有所短，每个人也都有各自的长处和短处，如果每个人都会使用对方的长处去办事，那么最终的结果是大家都得到了实惠。

在现代社会中，没有任何人可以单枪匹马成大事。大家你来我往，相互帮助才能获得长足的发展。如果有现成的关系不用，既浪费了资源，又耽误了自身的发展，因此，在日常生活中，我们一定要充分运用身边的各种关系为自己办事，这样才能获得共同发展。

要把关系用活，首先要经常与朋友、同学以及这种关系网中的其他成员保持经常性的联系。比如，可以通过电话、电子邮件、写信、发传真或者通过面对面的交谈等方式与他们保持联络。这样才能加深彼此的感情，使相互之间的关系更深、更牢固。

我们知道人际关系不仅可以带给我们事业上的成功，在自己有事求人时不会遭到拒绝，更重要的是它能够让我们感受到生活的快乐，体会到自我价值实现后的成就感。从另一个角度来讲，任何人都不可能拥有办事的所有资源，当我们依靠个人的力量无法独立完成一件事情时，我们就必须向他人求助。

如果你是一位人际关系高手，那么，一定会有好朋友愿意为你提供帮助，他们会热情回应："当然，我会打电话给我在某某公司的朋友，把你介绍给他"，"我认识一个法律顾问，我可以向他打听一下是否有适合你的工作"，"我很乐意把你推荐给某某大学教授，让他来帮助你解决疑问"，等等。

你的朋友在你需要的时候很热情地帮助了你。那么，在你的朋友需要你的帮助的时候，你也应当尽心尽力地为他提供帮助。这样，不仅使双方都获得了帮助，而且也使双方的友谊得到了加强。

当然，对于朋友之间的相互帮助是需要一点奉献精神的。即使在短时间内你可能不需要朋友的帮助，但你的朋友向你求助时，你也一定要尽力而为。朋友之间其实就是以信任关系为基础的人缘存折，只有在平常多向里面储蓄点点滴滴的友情和帮助，你才能在需要的时候获得朋友们的鼎力相助。

　　一般情况下，求人办事一定要把握主动权。如果仅仅是出于礼貌而采取被动措施将无助于提高你办事的效率，因此，求人办事必须主动出击，或者确保他人会有所行动。具体应该如何恰到好处地向愿意帮助你的人施加影响，从而使他乐于帮助你呢？

　　在向别人求助之前，我们先看看人性的基本弱点：

　　几乎每个人都愿意帮助别人，但是每个人又都不希望别人对自己产生依赖性。另外，每一个人在为他人付出或者提供帮助时，都不希望自己的利益受到损害，假如真的受到损害，他们在潜意识中也希望获得相应的补偿。因此，我们在求人办事时，尽量不要使对方的利益受到明显的损害，在万不得已使对方的利益受到损害时，我们也一定要想办法使其获得相应的补偿。只有掌握了这两个基本的要点，我们才能在求人办事的过程中左右逢源、游刃有余。

背靠大树好乘凉

　　人们常说"背靠大树好乘凉"，如果在办事过程中有了一棵能够"乘凉的大树"，得到贵人相助，事情也许会顺利很多。

　　贵人可能身居高位，也可能只是拥有较为丰富的某种资源，甚至只是拥有某种关系，但是只要有了他的帮忙和指点，你在办事过程中就能如鱼得水、事半功倍。

　　一次调查发现，著名企业中的中高层领导，90% 得到过别人的提携和栽培；自己创业成功的知名人士，100% 受到过别人的指点和帮助。不管这些成功人士得到贵人的帮助有多少，但是对于其成功的作用却不可忽视。从这点来说，贵人的相助，对于个人事业的成功是极为关键的。

不管是在哪种行业，有了贵人的相助，路途都将顺利很多，这在体育界和演艺界尤其明显。如张艺谋之于巩俐、章子怡，周星驰之于黄圣依，莱昂纳多之于卡卡，弗格森之于贝克汉姆。

如果没有前面这些人的提携和帮助，后面这些人未必不能成功，但是路途肯定会艰难很多。

人在社会生活中会接触到很多朋友，有很多人在其所在的行业或者领域中均有着非同一般的地位，如果能够与其保持良好的关系，也许在某一天，他们就会成为你人生事业中的巨大推动力。

麦克刚刚从大学毕业，想找一份比较理想的工作。虽然他毕业于名校，专业知识也很扎实，但是一段时间的奔波却让他看清了一个事实：理想不等于实际，不但找一个符合自己要求的工作很难，连一个有较好发展潜力的工作都难以找到。这个残酷的现实对于满心希望依靠自己能力打拼的麦克来说，无异于当头一棒，无奈之下他只得向父亲求助。

麦克的父亲是一位著名的记者，交往的人群非常广泛，无论是商界还是政界，他都认识一些很重要的人物，其中有一位名叫汤米的商人，更是与麦克的父亲交情深厚。

汤米是一家大型私营企业的老板，几年前因为受人陷害而被判入狱。麦克的父亲在偶然中得知这一情况后，就去采访了他，并且作了公正的报道。因为麦克父亲的帮助，那起案子被重新调查，汤米也很快被无罪释放。重见天日的汤米万分感激，当时就做出承诺：如果有什么需要自己帮忙的事情尽管开口，只要能够做到的绝对没有问题。

于是麦克的父亲给汤米打了一个电话，告诉了他麦克的情况，询问汤米能否帮忙，汤米毫不犹豫地说："只要麦克愿意，可以马上让他来公司找我。"

由于父亲与汤米的交情，麦克很快见到了汤米。在汤米的办公室里，两个人聊得非常开心。最后，汤米告诉麦克，让他到汤米公司效益最好的那个部门工作。

当麦克走进自己办公室的那一刻时，他心中的幸福和喜悦简直无法用言语来形容。回想起几个月来的艰苦奔波，面对铺着地毯、阔气而大方的办公室，他真有从人间到了天堂的感觉。

麦克在汤米公司的几年期间，努力学习并熟悉了该行业的经营流程，懂得了操作模式，学会了怎样去推销和谈判，还积累了大量的人脉资源。后来，他自己开了一家公司。经过几十年的努力发展，麦克的公司不但超越了汤米公司的规模，而且成为该行业中的龙头老大。

站在人生巅峰的麦克，在回忆一生的事业时说："我要感谢两个人，一个是我爸爸，一个是汤米。爸爸让我有机会见到汤米，而汤米不仅给了我工作，更使得我能有机会开创自己的事业。"确实是这样，如果没有汤米的提携和帮助，麦克的人生不知道会是什么样子。

有贵人相助的人生会比较顺利，但是要找一棵能够乘凉的大树不仅需要运气，更需要对人脉关系的打造。倘若没有麦克父亲和汤米的这层关系，麦克恐怕根本就没有机会见到汤米，发展自己的事业更是一个未知数。

贵人不是天上的月亮，可望而不可即，但是要想找到自己人生事业中的贵人，也要注意几点：

需要自己努力

俗话说："师傅领进门，修行在个人。"如果自己不努力，那么即使有再多贵人相助，也很难成就一番大事。

知恩图报，饮水思源

人们常说："吃水不忘挖井人。"把事情办成，获得成功以后，千万不可因此忘记了帮助过自己的人，要懂得知恩图报。

善于发现

贵人一般是不会自己送上门的，只有积极主动地去发现，才可能开掘一个属于自己的金矿。

生活中有很多人生就一副硬骨头，不愿去接受别人的帮忙。这样的人固然值得欣赏，但是却不宜效仿和学习。社会竞争需要的是互相帮助、共同进步，有了贵人帮助起码能够少走一些弯路。如果坚持自力更生，或许也能取得成功，不过要比有贵人帮忙的人来得晚一些，道路更曲折一些。

网罗你的"对手"

编织"关系网"有很多种渠道，但能将"对手"也引进关系网的人，无疑是"织网"的高手。实际上，将对手引进关系网，就是一个化"敌"为友的过程，这是一个让"网"更完美的策略，它在减少对手的同时，也会减少办事的阻碍。

华盛顿是善于将对手变成朋友的人，所以他的朋友很多，支持他的人更多。

那时候的华盛顿还是上校，有一个名叫威廉·佩恩的人反对华盛顿所支持的候选人，据说，华盛顿与佩思在关于选举问题上的某一观点发生激烈地争论，他说了一些冒犯佩思的话，佩思把华盛顿一拳打倒在地。华盛顿的部下马上过来，准备替他们的长官报仇。华盛顿立即加以阻止，并劝说他们返回营地。

　　第二天一早，华盛顿递给佩思一张便条，要求他尽快到当地的一家小酒店去。佩思如约到来，他是准备来进行一场决斗的。令他感到惊奇的是，他看到的不是手枪而是酒杯。

　　华盛顿当众站起来迎接他，并笑着伸过手去。"佩思先生，"他说，"犯错误乃人之常情，纠正错误是件光荣的事。我相信昨天我是不对的，你已经在某种程度上得到了满足。如果你认为这件事情可以到此为止的话，那么请握住我的手——让我们成为朋友吧。"

　　从此以后，佩思成为一个热烈拥护华盛顿的人。

　　善于拥抱自己的对手的人，善于将对手也变成自己人的人，才是编织关系网的真正高手。当众拥抱你的对手，这是件很难做到的事，因为绝大部分人看到"对手"都会有灭之而后快的冲动，若环境不允许或没有能力消灭对方，至少也会保持一种冷淡的态度，或说一些让对方不舒服的嘲讽话，可见要拥抱对手是多么困难，但是，要想编织一张良好的关系网，要想拓展良好的人际关系，将自己的对手变成朋友也是很重要的一个方面。如果你能将对手都吸引到身边，相信也没有什么做不好的事情了。

　　竞技场上比赛开始前，比赛选手都要握手敬礼或拥抱，比赛后也一样要再来一次，这是最常见的当众拥抱对手。另外，政治人物也惯常这么做，明明是竞争对手，见了面仍然要握手寒暄，他们当然能分清敌我，但是，他们更懂得做事的道理，那就是多栽花少栽刺，纵然不能化"敌"为友，也能让对手不与你做对，不会在你办事的时候为你设置阻碍。

就因为难，所以人的成就才有高有下，有大有小。也就是说，能当众拥抱对手的人，他的成就往往比不能拥抱对手的人要高、要大，因为，你的拥抱动作，也将使对方失去再对你攻击的立场，若他不理你的拥抱而依旧攻击你，那么他必招致众人的谴责。

清末黎元洪在湖北任职时，一直位于张彪之下。张彪又是张之洞的心腹，娶了张之洞一个心爱的婢女。虽是这样，可张彪嫉贤妒能，总与黎元洪唱反调，再加上当时报纸上有褒黎元洪贬张彪的报道，这更使张彪心生忌恨，所以他总在张之洞面前进谗言，无礼地诋毁黎元洪。不仅如此，张彪还经常以上级的权力，对黎元洪百般羞辱，想用这种方法逼迫黎元洪离开军队。可是，任张彪怎样羞辱，黎元洪总是忍耐着，不动声色，脸上毫无怒容。见此状，张彪也对他无计可施。其实，黎元洪并非甘愿受张彪的羞辱，也并不甘心做他的属下，可是他却不与对手争锋，而是"平敛锋芒，绝不显露头角，以此来保全自身"。

张之洞任命张彪为镇统制官，但张彪对军事一窍不通。为了辅助他，黎元洪呕心沥血，付出了很多努力。成军之日，张之洞前往检查，见成绩十分理想，就当着张彪的面称赞了黎元洪，可黎元洪却将功劳全部归到了张彪的身上。这让张彪心中十分感激，二人关系也逐渐有所缓和。

1907年9月，张之洞任军机大臣，东三省将军赵尔巽补授湖广总督。赵尔巽认为张彪才能根本不及黎元洪，欲让黎元洪取代张彪的位置，可是黎元洪坚决地谢绝了赵尔巽的好意。同时，他又面见张彪，并将这件事告诉了他，建议他致电张之洞，让张之洞设法帮助他渡过难关。张彪一听，心中对黎元洪非常感激，并按照他的建议做了。由于张之洞的帮忙，张彪才保全了他的职务。张彪感念黎元洪的情不说，张之洞也觉得黎元洪是诚心可嘉的人。

在这个故事里，黎元洪事实上就是一直"拥抱"着他的对手，他能分清自己的处境，也能分清对手对自己的重要性，他的选择无疑是聪明的。

事实上，要当众拥抱你的对手并不如想象中那么难，只要你能克服心理障碍。你可以这么做：

在肢体上拥抱你的对手，例如拥抱、握手。尤其是握手，这是较普遍的社交动作，你伸出手来，对方好意思缩手吗？

在言语上拥抱你的对手，例如公开称赞对方，关心对方，表示你的"诚恳"，但切忌过火，否则会造成反效果。

最重要的是，当众拥抱对手的心胸一旦培养出来，久了会成为习惯。让你和人相处时，能容天下人、天下物，出入无碍，进退自如，这正是办大事情所需要的胸怀。

重视朋友间的桥梁

很多人都曾有过这样的体验：自己急需办一件事，可是没有相关的熟人，急得团团转。最后，想来想去，只好向自己的朋友们求助，询问他们有没有这方面的熟人能够帮助解决难题。朋友找到了自己的熟人，一个电话打过去，那边的事情轻而易举就解决了。这种做法，就是典型的借朋友的社会关系办事。

可见，借助朋友的社会关系办事，是十分有效的办事途径之一。当然，这种办事的方法，是朋友托朋友办的，在办事的过程中难免要多费一些周折，而且也会降低办事成功的可能性。为了更有效地把事情办好，我们有必要与朋友的朋友建立直接的关系。

除了朋友的引荐，你也可以主动借机接近朋友的朋友。当然，对于平时不熟悉的人，要与他一见如故，并不是一件容易的事。初次见面，最多握一下手，说几句客套话，再想进一步深聊，又没有多少话题，总是重复那些客套话，易使对方生厌。这个时候，你可以多向对方提起你自己的朋友，而且在时机适当的时候向他补充说："我的朋友在我的面前说起过您，并嘱咐我向您请教，希望以后有什么事情，您多多关照。"那么大多数情况下，对方会对你产生深刻的印象，并在日后乐意帮助你。当然，当你朋友的朋友给予了你一定的帮助之后，你一定不要忘了向他们道谢，这样既会让他们对自己的付出感到欣慰，也会让你的朋友有面子。不仅如此，你们三方的关系还会因此变得更加友好。当然，由于各种原因，有时候你的朋友似乎并不愿意把他自己的朋友介绍给你，这时候你就应当自觉一点，不要试图以各种办法与朋友的朋友搭上关系。否则，新关系建不成，老关系也可能搭进去。

总之，使用朋友的社会关系办事，一定要谨慎行事，根据具体的情况进行具体的分析，不要仅凭自己的一厢情愿行事，否则将会得不偿失。

一般情况下，向我们平日经常联系的老朋友求助自然不用费什么周折，但是，我们所求助的对象一般都是那些富贵发达、事业有成的朋友，他们所处的层次一般都比我们高出很多。况且，当初的那些难兄难弟，在自己富贵发达之后，可能会与我们这些状况并没有多大改善的老朋友疏远了，甚至还有可能"不记得"我们是谁了，因为彼此之间的现状发生了变化，必然也会产生距离。这种情况下，我们怎样向这种高层次的朋友开口请求帮忙办事呢？

虽然比较难开口，但总比求助于陌生人要强得多吧？至少你们之间曾经有过很深的交情，但是，仅仅依靠那些早已成为过去的交情未免显得太单薄了，要让这样的朋友为你办事，还需要一定的技巧。

向对方示以利益

如果你认为所托办事情的难度比较大，或者对方是一个比较注重物质利益的人，你可以明或暗地向他说明事成之后的利益，或者你事先给他一些好处。

唤起对方的回忆

唤起朋友对过去的回忆是有效拉近双方距离的一种方法，也是让对方为你办事的一个基本前提。试想，如果你们见面，对方连你是谁都记不起来了，他又凭什么为你办事呢？

唤起朋友对过去的回忆也是需要一定技巧的，如果不注意就会弄巧成拙。

当年朱元璋当上了皇帝后，先后有两个少时的旧友来找他求官做，他们都回忆了早年发生的同一件事：一个直来直去说了实话，让朱元璋在文武百官面前丢尽了面子，结果被杀了头；而另一个则委婉、隐讳地从侧面吹捧了朱元璋，结果被委以高官。

因此，与朋友回忆往事，要尽量回忆那些让朋友引以为荣或者感到自豪的事情，即使是那些不太"光彩"的事情，也要给它罩上一圈美丽的光环。

带点见面礼

既然有老交情，带点礼物上门，是很自然的事情。礼物不在多少，贵在情义，它带给朋友的不仅仅是物质上的东西，更是给对方的一种心理上的满足。

活用老乡的关系

古人将"久旱逢甘霖，他乡遇故知，洞房花烛夜，金榜题名时"称为人生的四大喜事，生活在现代社会中的人也不可忽视老乡的作用。游子们在外遇到几个老乡，思乡之情便会油然而生。与老乡处好关系，结成一个互动的交际网络，求人办事才会得心应手。

中国人一向有着非常强烈的乡土观念。对于漂泊在外的人来说，见到老乡就如同见到亲人一样。如果从这种心理出发，不难搞好与老乡之间的关系，为自己的人脉积累打下坚实的基础。

很多人都看重家乡人的情感，比如阎锡山。阎锡山是山西五台人，他非常重用五台同乡，使得山西省政府的重要位置大多被五台人占据。孔祥熙也是一个山西人，在他的心中"只有山西人才会理财"，因此他身边的山西人也非常多。蒋介石是浙江奉化人，他的侍卫基本上都是奉化人，而国民党军界，光奉化就出过55位将军，其中被授予中将以上军衔的就有20人之多，这恐怕不只是人杰地灵的原因，蒋介石才是造成奉化人才济济的根本。

当然像上述的"乡党政治"是不可取的，但是长期以来，乡土观念在人们心目中根深蒂固，甚至影响到一个人的人际关系和他的思想感情，所以在打造人际关系的时候应该加以重视。

既然是老乡，就必须有共同的特点存在于双方之间，其中很重要的一点就是"乡音"。

清末的大太监李莲英就是靠这种方法发迹的。

李莲英出身贫苦，个子瘦小，若以当时清朝宫廷太监的标准来衡量，他是根本不够资格的。可一次偶然的机会，李莲英听说在宫廷中有一个太监是他的老乡，且是同一村的，于是李莲英就大胆地去找到了这个老乡。

李莲英当时很穷，没有钱买东西去送礼。他知道这位老乡很重乡情，但怎样才能引起老乡的注意却一直困扰着他。

终于，他想出了一个办法。他瞅准了这位老乡出来当值时才去报名，然后用一口风土味的家乡话说出了自己的姓名与籍贯。李莲英的这位老乡听了这声音，身体不由得抖了一下，遂抬头看了看眼前的这位小老乡，心里暗暗记了下来。

后来，在这位老乡的帮助下，李莲英做了慈禧太后梳头房里的太监，以梳得一头好发型深得慈禧宠爱，最后成了慈禧太后面前的大红人。

李莲英只说了几句话，就博取了对方的注意与好感，但要注意的是，这几句话是家乡话，是乡音，而对方也恰巧是同乡人，且又同处异乡，在这种情况下，李莲英轻而易举地争取到了一个名额就不足为奇了。

用家乡话做见面礼，可以说是独树一帜的，它不需要物质上的东西。在这里有一点相当重要，那就是运用这种方法的场合，最好是在异乡，因为在异乡才会有恋乡情结，才会"爱乡及人"，这时再来个"他乡遇老乡"，对方哪有不欣喜之理？对方离乡愈久，离乡愈远，心中的那份情就愈沉、愈深，因此，越是这种情况，越要运用"露乡音"这种技巧。

与同乡分享"乡产"

老乡与其他关系的不同之处在于，老乡之间的关系是以地域为纽带的，有一份"圈子"内的情存在心上。"乡产"也许是很普通的东西，本身并不贵重，但在"乡产"上所包含的情意却非"乡外人"能看出来、体会出来的，它会勾起老乡思乡之情，然后会在这种感情的支配下，使人对你这位老乡"另眼相待"，照顾有加。你再适时加上句"老家的东西，尝个鲜儿"之类的，就能有效缩短与老乡的距离。

用乡情打动人

一个人，无论是出自什么原因，离开家乡，离开生他的土地，也许开头并不感到有什么难过，但时间一久，或在他乡遇到不习惯的地方，或遇到挫折，他就会感到家乡的亲切、家乡的美好。也许，这个时候，一个人才会深深地感到，自己对家乡有割不断、丢不掉的感情寄托，那是支撑着游子出外去闯世界的精神依靠。

因此，在游子的记忆深处，总有一块属于家乡的领地，也许，现实的生活会暂时把这块领地掩盖起来，而一旦触及到了这块领地，那一股思乡潮就会源源不断地涌现出来，如闪电一般，充满游子的大脑，触及记忆的神经。

如此看来，要与一个久离家乡的老乡处好关系，有一种非常有效的技巧就是：与老乡谈起家乡的话题，以此来触动他的思乡情结，达到共鸣，从而使老乡之间的关系更近一层。

人们常说"有水喝水，靠山吃山。"从身边的那些关系出发，打造一个广阔的人际关系网络，将是你日后求人办事成功的关键。

第三章 ▷

平时烧香，急处才好求人

友情投资，宜走长线，无论是冷庙还是热庙，香火都给它烧上。平时多烧些香，哪怕是只言片语的问候，亦是交友之道。其实人情就像银行里的储蓄，存得越多、越久，回报就越丰厚。有心计的人结交朋友，不会急功近利，他们懂得"晴天留人情，雨天好借伞"的道理，储蓄起人情为以后办事着想。

晴天留人情，雨天好借伞

人情冷暖、世态炎凉，平常朋友平常过。如果你是个懂得交际"手腕"的人，就应该知道交朋结友，不可急功近利。友情投资，宜走长线，拜拜冷庙，烧烧冷灶，平时多烧香，哪怕是只言片语的问候，亦是交友之道。

现代人生活忙忙碌碌，没有时间进行过多的应酬，日子一长，许多原本牢靠的关系就会变得松懈，朋友之间逐渐淡漠。这是很可惜的。这就需我们大家珍惜人与人之间宝贵的缘分，即使再忙，也别忘了沟通感情。

有位刚去美国的朋友来信说："我们在这儿没有什么社交生活，我们难得去看看朋友，这当然是因为我们初到异境，认识的朋友不多，但后来我听说，其他的人也一样……

"我们每星期工作五天，星期六和星期日都去郊外，这是一种家庭式的生活。就是说，要去郊外，就跟自己的家人去。

"我们不能利用假期去探望朋友，因为一到假期，谁都不在家，除非朋友患病在床……

"平时我们也不可能利用下班后的时间去看朋友，因为交通太挤。

"我们常常和朋友通电话，这是我们唯一可以应酬朋友的方法，我们无事也打电话。哪怕是寒暄几句，或者讲些无关紧要的事。

"但有事情时，我们会立刻聚在一起的，比方上星期我儿子肚子痛，我急忙起来打电话给友人江医生想办法，他马上驾汽车从十几公里外赶到，初步诊断，认定他患了盲肠炎，就用他的车子送孩子进医院做了手术……"

有事之时找朋友，人皆有之，但无事之时找朋友，你可曾有过？

不知你有没有过这样的经验：当你遇到了困难，你认为某人可以帮你解决，你本想马上找他，但后来想一想，过去有许多时候本来应该去看他的，结果都没有去，现在有求于人就去找他，会不会太唐突了？甚至因为太唐突而遭到他的拒绝？

在这种情形之下，就让人不免有些后悔"闲时不烧香"了。

法国有一本名叫《政治家必备》的书。书中教导那些有心在仕途上有所作为的人，必须起码收集起将来最有可能做总理的人的资料，并把它背得烂熟，然后有规律地按时去拜访这些人，和他们保持较好的关系。这样，当这些人之中的任何一个当起总理来，自然就容易记起你来，大有可能请你担任一个部长的职位了。

这种手法看起来不大高明，但是非常合乎现实。一位政治家的回忆录中提道：一位被委任组阁的人受命伊始，心情很焦虑。因为一个政府的内阁起码有七八位部长，如何去物色这么多的人呢？这的确是一件难事，因为被选的人除了有一定的才能、经验之外，最要紧的一点，就是"和自己有些交情"。

和别人有交情才容易得人赏识，不然的话，任你有登天本事，别人也不知道。

生活中每个人都难免会遇到困难。在别人身处危难境地时，伸出援助之手，也许在将来的某一天会得到丰厚的回报。

　　杰克的父亲开了一家衣帽店，由于老杰克为人热忱，而且店里的商品物美价廉，所以生意做得相当红火。一个雨天的晚上，在商店即将打烊的时候，门外来了一位面黄肌瘦、衣衫褴褛的年轻人，看样子已经饿了好几天了。虽然老杰克去外地还没有回来，但是深受父亲行为熏陶的杰克并没有做出不礼貌的举动，而是热情地将他迎进屋里，询问有什么可以帮助的地方。

　　小伙子显得有些腼腆，说自己来自加拿大，这次到美国来是想寻求一个好出路，不料盘缠用完了也没能实现自己的梦想，只能沦落街头。他还告诉杰克，自己的父亲两年前也来过这家店，还购买了一顶帽子，说着就把头上戴的帽子递了过去。确实是这样，虽然帽子上的标志已经有些污损了，但是由于做工精细，还是能够辨认得出来。

　　杰克不禁有些犹豫，他在想要不要帮助这个陌生的年轻人，毕竟他只是一位顾客的儿子。再三考虑之后，杰克还是决定帮这个落难的年轻人一把。他为年轻人准备了丰盛的晚餐，并给他足够回家的路费。得知自己儿子的做法以后，老杰克非常满意。

　　父亲去世以后，杰克接管了这家衣帽店。十几年过去了，杰克的生意做得越来越好，美国许多地方都有分店，他决定向国外发展。然而这事说说容易，但实际上很难，为此杰克一直很伤脑筋。

　　正在这时，他收到了一封来自加拿大的信，给他写信的正是那位多年前他曾帮助过的年轻人。现在当年的年轻人已经是加拿大一家大公司的总经理了。他在信中感谢了杰克在他困难时期的大力帮助，并邀请杰克共同创业。这个消息让杰克喜出望外，他赶紧回了一封信，表示愿意合作。不久，在对方的帮助下，杰克很快就在加拿大建立了国外第一家分店。

友情投资宜走长线，不可急功近利。友谊之花，须经年累月培养。善于放长线、钓大鱼的人，看到大鱼上钩之后，总是不急着收线扬竿，把鱼甩到岸上。因为这样做，到头来不仅可能抓不到鱼，还可能把钓竿折断。他会按捺下心头的喜悦，不慌不忙地收几下线，慢慢把鱼拉近岸边；一旦大鱼挣扎，便又放松钓线，让鱼游窜几下，再慢慢收钩。

如此一收一弛，待到大鱼精疲力竭，无力挣扎，才将它拉近岸边，用网兜捞上岸。求人也是一样，如果逼得太紧，别人反而会一口回绝你的请求。只有耐心等待，才会有成功的喜讯。

求人交友要有长远眼光，尽量少做临时抱佛脚的买卖，而要注重有目标的长期感情投资。

冷庙烧香交"贵人"

俗话说："平时不烧香，临时抱佛脚。"这样做即使"菩萨"再灵，也不会帮助我们的。所以我们要求神，就应在平时多烧香。而平时烧香，也表明自己别无希求，完全出于敬意；一旦有事，或许就会有求必应。

如果要烧香，就找些平常没人去的冷庙，不要只挑香火繁盛的热庙。热庙因为烧香人太多，你去烧香，也不过是众香客之一，显不出你的诚意，但冷庙的菩萨就不是这样，平时冷庙门庭冷落，无人礼敬，你却很虔诚地去烧香，同样是一炷香，表达的心意就大不相同，日后有事相求，自然得到照应。

其实，哪里只是庙有冷热之分，人又何尝不是？一个人是否能发达，要靠机遇。你的朋友当中，有没有怀才不遇的人，如果有，这个朋友就是冷庙。你应该将其与热庙一样看待，时常去烧烧香，逢到佳节，看望一下，送些礼物。为求实惠，有时甚至可以送些钱，请他自己买些实用的东西。又因为他是穷人，当然不会遵从礼尚往来的习惯，并非他不知道还礼，而是无力还礼。不过他虽不曾还礼，但心中却绝对不会忘记未应还的礼，这是他欠的人情债。人情债欠得越多，他想还的心越切。所以日后他否极泰来，第一要还的人情债当然是你。他有清偿的能力时，即使你不去请求，他也会自动还你。

汉朝的韩安国是一位非常有能力的人，他原先在汉景帝的兄弟梁孝王手下当差，曾经为调解梁孝王和汉景帝的关系出了大力。有一次因为受人诬陷，韩安国被关进了监狱。

狱吏是一位非常势利的人，见到这样一个高高在上的人成了阶下囚，并由自己看管，就时常冷嘲热讽，侮辱谩骂。

韩安国刚开始还忍心吞声，到了最后不堪忍受，就问了那位狱吏一句："死灰尚可复燃，我现在只是被人陷害，总有恢复清白、东山再起的时候，你这么做难道不后悔吗？"

狱吏听了哈哈大笑，说道："就你这个样子，还想东山再起？如果你这死灰真能复燃，我就撒泡尿浇灭它。"这句话把韩安国气得张口结舌，无言以对。

世事无常，没过多长时间，韩安国果然被释放出狱，而且还升了官。狱吏得知这个消息以后，吓得赶紧辞官不做，逃之夭夭。

韩安国放话说，如果这位狱吏不亲自来向他请罪，就要向他的家人报复，灭了他的九族。听说了这个消息以后，狱吏只得战战兢兢地来到了韩安国家里，磕头请罪。韩安国看着他笑着说："如今这死灰复燃了，你来撒尿吧！"狱吏哪儿敢吭声，只是一个劲儿地磕头求饶。

最后韩安国并没有为难这位势利的狱吏，只是教训了他几句就把他放走了。

人的遭遇很难预料，也许昨天还是一名不文，今天就腰缠万贯；也许昨天还是阶下困，明天就能成为堂上客。如果那位狱吏在韩安国坐牢的时候能够给予适当照顾，那么韩安国翻身之后自然也有他的好处，而不用搞得那么狼狈。当然，狱吏算是比较幸运的，他碰上了大度的韩安国，只教训了他几句，并没有难为他，如果换了一个小肚鸡肠的人，后果可就严重了。

在人际交往中，冷庙烧香，其实也就是在人危难的时候给予帮助，这样的做法不但难能可贵，而且更加让人敬佩。

冷庙烧香不仅展现了一个的品德，而且对于打造关系、拓展人脉也有很大帮助。

对朋友的投资，最忌讳的是讲近利，因为这样就成了一种买卖，说难听点更是一种贿赂。如果对方是讲骨气之人，更会感到不高兴。即使勉强接受，并不以为然。日后就算回报，也是得半斤八两，没什么好处可言。

平时不屑往冷庙烧香，临到头再来抱佛脚也来不及了。一般人总以为冷庙的菩萨不灵，所以才成为冷庙。其实英雄落难，壮士潦倒，都是常见的事。只要一朝交泰，风云际会，仍会一飞冲天、一鸣惊人的。

从现在起，多注意一下你周围的朋友。若有值得烧香的冷庙，千万别错过了哦。

真诚地帮助别人

在别人有困难的时候，该伸出手时就出手，千万别犹豫。这样在你需要人帮助时才有别人热情的双手伸过来。

古圣先贤一再告诉我们，帮助他人不要图报答，因为对方报答过了，也就失去了帮助人的意义，也不是当初帮人时的初衷。有人说："帮助人是一种缘分。"这句话中蕴涵着更深一层的理解：人际间的缘分都是共有的，既没有你我之分，又你中有我，我中有你。我帮了你，你帮了他，他又帮了我。当有人需要你帮一把时，你能伸把手帮一把就是一种回报，就是一种社会共有的缘分。

果品中的梅干也是一样，别的食物都要新鲜，唯有梅干却是愈久愈甘醇。梅干起初也是新鲜的果子，经过一番时日的酝酿，才制成后来的美味。朋友自然也是由生而熟，在长时间的交往中，各种不同的思想见解，经由交流和冲突而致融洽。两个不同的东西，要完全融合，需要时间，时间是最好的考验。只有在面临变故的时候，能够共患难的人，我们才称为朋友。

有一种说法叫生活不需要技巧，讲的是人与人之间要以诚相待，在他人需要帮助时毫不犹豫地伸出你热情的双手，但是不要怀着个人目的，把你要帮助的人当作利用工具，一旦对方发现自己是被你利用的工具，即使你对他再好，也只能引起他对你的敌意，并拒绝和你继续保持关系，所以，要获得真正成功的人际关系，就只能用爱心去和别人推心置腹地打交道。在这种情况下，你再去帮助他，他才会感到人间处处是美好。

对别人的帮助，要落到具体的行动上，不要只停留在口头上。当朋友有难时，我们能够不顾一切地去帮助他，该伸手时就伸手，这才是真正的帮助。帮助有两种可能，一种可能是随便帮帮，一种可能是一帮到底，做足人情。第一种帮助不能说它不是帮助，因为它也能给人带来某种好处，但随便帮帮的帮助不是真正的帮助，因为这种随便的帮助在关键的时候，总是不管用。第二种帮助才是真正的帮助，它能帮人彻底解决实际困难。

帮助他人也是需要技巧的，也就是说当你想帮助某个人的时候，你要注意具体方法，如何帮助他，才能使他真正受益。如果不注意这一点，你常常会事倍功半，甚至适得其反。一位盲人在大街上着急地用盲杖敲着地面，是在说他不知道该怎么走了。好心的你走上去想帮助他，告诉他左边是北，右边是南，他其实仍然分不清楚，他需要你拉着他的手，带着他走一段路。

有这样一个故事：

凯特是一个单身女子，住在纽约的一个闹市区。有一次，凯特搬一个大箱子回家。因为电梯坏了，凯特只得自己扛着箱子上八层楼。约翰是一个平时没事就在大街上闲逛，偶尔还惹是生非的人。这次他看到凯特累得气喘吁吁，于是想上去帮忙，但凯特并不信任约翰，以为他图谋不轨。约翰感到非常困惑，他费了很多口舌，想说明他善良的用意，仍无济于事。凯特将箱子从一层搬到二层就再也没有力气搬了。让不让约翰帮忙呢？凯特感到矛盾了。最后还是约翰帮她把箱子搬到了八层。为了表示自己真诚的用意，约翰只将箱子搬到凯特的家门口，坚持不进去。后来约翰和凯特成了好朋友。一年后，两人走上了红地毯。

帮助他人要真心诚意，要坚持不懈，不能一时风，一时雨，凭自己的兴致来做。不要随心情，高兴时谁都帮，不高兴的时候谁都不帮。毛泽东说过，做一件好事并不难，难的是一辈子做好事。在现代社会，在金钱的冲击下，很多人时时刻刻都在考虑着自己的利益，别说帮助别人，更别说真心诚意地帮助别人，见死不救的大有人在，然而无私地，始终如一地帮助他人，是有心计的人赢得好人缘的妙方。

帮助他人不能居功自傲。在人际交往中，当我们帮助了他人时，不必以此沾沾自喜，自鸣得意，更不能摆出一副救世主的面孔，因为我们的帮助应该是无私的、诚恳的、不存在半点恩赐的感觉。如果总记得自己有恩于他人，这样活着岂不是很累吗？居功自傲的人也常常因为其骄横的态度而招致别人的不满，人们不愿接受他的帮助。这样的人不会有好人缘。

如果对方也是一个能为别人着想的人，你为他帮忙的各种好处，绝不会像泼出去的水，难以回收，他一定会用别的方式来回报你。对于这种知恩图报的人，应该经常给他些帮助。

总之，人不是刺猬，难以合群，人是有情感的动物，需要彼此互爱互助，切不可像自由市场做生意那样赤裸裸地，一口一个"有事吗""你帮了我的忙，下次我一定帮你"。忽视了感情的交流，会让人兴味索然，彼此交往也维持不了多长时间。

捕鱼还需补好网

求人办事能否成功在很大的程度上取决于是否拥有良好的人际关系，而良好的人际关系不仅需要建立，更需要维系。

同样的一件事，你办得比别人漂亮；同样的一个意思，从你嘴里说出的话比别人动听；同样的一张关系网，你的能网住果实，有的却一无所获，其关键就在于你的人际关系网是否得到维系。

很多人在打造好关系网之后就觉得高枕无忧了，其实这是很不正确的。关系网在实际运用中存在着很多诀窍，不能太密，什么东西都想网住，结果可能是什么东西都网不到；不能太松，不然就可能竹篮打水——一场空；不要有缺口，关键时候掉链子怎么行？

常言道："千里之堤，溃于蚁穴。"小小的一个蚁洞竟让坚固的大堤溃塌，这样的教训可不在少数，所以，时常修补关系网是非常必要的，否则，再好的网，经过风吹日晒，也会破损。

俗话说："磨刀不误砍柴，捕鱼还需补网。"要想砍更多的柴、网更多的鱼，就得时时注意维修工具，把刀磨得锋利一些，把网上的漏洞和坏眼补好。对待人际关系也是如此。再好的交情，也应该常常维系，以免使用的时候发现关系网出现了问题，功亏一篑，让先前的努力都付诸流水。

那么，该如何维系自己的人脉关系网呢？

主动联系

平时的主动联系可能会让自己在求人办事时不那么被动。时常打打电话，发发信息和邮件，节假日送点小礼品道声问候，嘘寒问暖，聊聊家常，在平常的日子里逐渐加深彼此间的感情，才可以在办事的时候让人为你尽力。

吃点儿小亏

很多人都喜欢占点儿小便宜，如果在交往中让对方得利多一点儿，他就会乐意与你交往，相反，则很可能与你疏远。这其实并不是什么大毛病，也不妨碍彼此间的交情。吃点儿小亏看似受到损失，其实是一种情感上的投资，因为大家都是明白人，谁多得、谁少拿心里都很清楚。对方占了便宜自然会觉得有所亏欠，遇上恰当的时候会给予你补偿。

保持忠诚

不要因为某个朋友在某件事情上暂时与你远离，就把他从你的关系网中划掉，这是目光短浅的做法。即使某些人目前跟你的工作甚至生活没有了联系，也应该保持对友谊的忠诚，不要从自己这边断了彼此之间的关系。只有在平时做足准备工作，在困难的时候求人才能获得别人的帮助。

徐某曾担任某公司的总经理，每年年底，礼物、贺年卡就像雪片一般飞来。可是当他退休之后，所收到的礼物只有一两件，而贺年卡一张也没有。以往的日子访客往来不绝，而这年却寥寥无几。正在他为此烦闷时，一位以前他不是很重视的职员，带着礼物前来看他，使他产生了颇多的感慨。任职期间，许多人巴结、讨好他，逢年过节大包小包给他送礼。可退休后，曾经巴结他的人一个都没露面，拜访他的却是在任职期间不受重视的小职员，因此他感动得热泪盈眶。

没过多久，徐某被原公司聘为顾问，当然，他很自然地就重用和提拔了这位职员。因为他能在没有利益关系的情况下，登门拜访自己，给徐某留下了深刻的印象。

别轻易得罪人

不管是什么原因，都不要轻易得罪人。得罪人往往会极大地伤害你的人脉关系网,而且很容易形成连带效应,尤其是你不对的时候,影响就更为恶劣。

　　王燕有一次托她的朋友娜娜办事,因为娜娜一时疏忽给忘记了,结果王燕非常不高兴,指责娜娜不够朋友。娜娜心里本来对王燕充满歉疚,但是由于王燕说话极为难听,就按捺不住火气,跟王燕争执起来,结果两个人不欢而散。

　　事后,娜娜去跟王燕道歉,但是王燕却认为娜娜有错在先,还跟自己恶语相向,太不够朋友,因此拒不接受。不料想,在那以后,王燕身边好多跟她熟悉的人都对她"客气"了许多,有些人干脆对她敬而远之。原来,这件事情发生以后,好多人都认为王燕为人小气,不值得深交,还是跟她保持距离的好。

　　维系人脉关系的方法还有很多,并不止以上几种,在具体人、具体问题上还要看情况区别对待。

　　不要因为觉得自己的关系网坚固而疏忽。要想把事情办好,不但要拥有一个好的人脉关系网络,常常维系也是关键。

感情投资也要注重技巧

　　送人情绝不是件简单的事情,它需要你时时、处处、事事留心。一个能把人情送出水平的人一定不是"凡人"。

　　送什么、送多少、何时送、怎么送,都大有学问。送得恰到好处是人情,送得不当是尴尬。不管是无意中送的人情,还是有意送的人情,都有一个让对方如何感受,如何认识的问题。而送人情最重要的不在于你送的情分是否轻，而在于对方感受是否重。所谓"千里送鹅毛，礼轻情义重"，说得就是这个道理。

我们在社会上，内心都有一些需求，有的急有的缓，有的重要有的不重要。而我们在急需的时候遇到别人的帮助，则内心感激不尽，甚至终生不忘。濒临饿死时别人送一根萝卜，胜过富贵时送一座金山。有某种爱好的人遇到兴趣相同的人则兴奋不已，为人生一大快乐。两个人脾气相投，就能交上朋友。

三国争霸之前，周瑜并不得意。他曾在袁术帐下为官，被袁术任命为小小居巢的县长。

这时候地方上发生了饥荒，兵乱更使粮食问题日渐严峻起来。居巢的百姓没有粮食吃，就吃树皮、草根，饿死了不少人，军队也饿得失去了战斗力。周瑜作为父母官，看到这悲惨情形急得心慌意乱，不知如何是好。

这时有人献计，说附近有个乐善好施的财主叫鲁肃，他家素来富裕，想必囤积了不少粮食，不如去向他借。

周瑜马上带上人马登门拜访鲁肃，刚刚寒暄完，周瑜就直接说："不瞒老兄，小弟此次造访，是想借点粮食。"

鲁肃一看周瑜丰神俊朗，显而易见是个才子，日后必成大器，他根本不在乎周瑜现在只是个小小的居巢县长，哈哈大笑说："此乃区区小事，我答应就是。"

鲁肃亲自带周瑜去查看粮仓，这时鲁家存有两仓粮食，鲁肃痛快地说："也别提什么借不借的，我把其中一仓送与你好了。"周瑜及其手下见他如此慷慨大方，都愣住了，要知道，在饥荒之年，粮食就是生命啊！周瑜被鲁肃的言行深深感动了，两人当下就交上了朋友。

后来周瑜发达了，当上了将军，他牢记鲁肃恩德，将他推荐给孙权，鲁肃终于得到了干事业的机会。

人对雪中送炭之人总是怀有特殊的好感。某位小姐如此说："我有一位朋友，我每次需要帮助的时候，他一定出现。例如：我有急事要用车或上班快迟到时需要用车，只要我打个电话他一定到，可以说每求必应。事情一过去，我们又各忙各的。到过年过节的时候，我总是忘不了给他寄一张贺卡，发短信给他拜个年。"

对身处困境的人仅仅有同情之心是不够的，应给以具体的帮助，使其渡过难关，这种雪中送炭，分忧解难的行为最易引起对方的感激之情，由此而形成友情。比如，有个人做生意赔了本，他向几位朋友借钱，都遭回绝。后来他向一位平时交往不多的朋友伸出求援之手，在他说明情况之后，对方毫不犹豫地借钱给他，使他渡过难关，他从内心里感激。后来，他发达了，仍然不忘这一借钱的交情，常常给对方以特别的关照。

在送人情时，有以下几点注意事项，可供大家借鉴。

不可过分给予。因为饮足井水者，往往离井而去，所以你应该适度地控制，让他总是有点渴，以便使其对你产生依赖感。一旦对你失去依赖心，或许就不会对你毕恭毕敬了。

如果你是位领导，你手下有一些属下，他们都希望能通过你得到一些好处，你应该怎样赐予他们人情呢？一是要经常地赐给他们一点好处，但不可一下子全部满足他们的欲望，否则，对你倾囊施与的恩惠，他们便不以为贵了。

不要对别人的恩情过重。这会使人感到自卑乃至厌倦你，因为他一方面感到自己无法偿还这份人情，二来觉得自己无能。不妨对别人施以小恩小惠，不要让对方以为你在故意讨好他们，否则，你施与的"人情"也就不值钱了。

对方不需要时，不要"自作多情"。因为这时你送人情会让对方感到多余，对方可能不领你的情。

"感情投资"应该是经常性的，也不可时有时无，做一个有"手腕"的人就要从生意场到日常交往，都应该处处留心，善待每一个关系伙伴，而且是要从小处细处着眼，时时把"感情投资"落在实处。

关键时刻拉人一把

人的一生不可能一帆风顺，难免会碰到失利受挫的情况，这时人们最需要的就是别人的帮助，这种雪中送炭般的帮助会让他人记忆一生。

晋代有一个人叫荀巨伯。有一次去探望朋友，正逢朋友卧病在床，这时恰好敌军攻破城池，烧杀掳掠，百姓纷纷携妻带子，四散逃难，到处都是一片混乱。荀巨伯为了朋友不顾自身的生命安全，只身入城探友。

朋友见了荀巨伯之后万分惊喜，感动之余劝他离开，说："我病得很重，走不动，活不了几天了，敌人说不定马上就要到了，你还是自己赶快逃命去吧！"

荀巨伯却不肯走，他说："你把我看成什么人了，我远道赶来，就是为了来看你。现在，敌军进城，你又病着，我怎么能扔下你不管呢？"说着便转身给朋友熬药去了。

朋友非常着急，百般苦求，叫他快走，荀巨伯却端药倒水安慰说："你就安心养病吧，不要管我，天塌下来我替你顶着！"

这时"砰"的一声，门被踢开了，几个凶神恶煞般的士兵，举着带血的长刀冲了进来，其中带头的军官冲着他喝道："你是什么人？如此大胆！全城人都跑光了，你为什么不跑？想死吗？"

荀巨伯毫无惧色，指着躺在床上的朋友说："我的朋友病得很重，我不能丢下他独自逃命。"他还正气凛然地说："请你们别惊吓了我的朋友，有事找我好了。即使要我替朋友而死，我也绝不皱眉头。"

敌军首领一听愣了，听着荀巨伯的慷慨言语，看看荀巨伯的无畏态度，很是感动，说："想不到我们这些无义之人，竟侵入了有义之邦。走吧！"说着，敌军就撤走了。

患难时体现出的正义能产生如此巨大的威力，说来不能不令人惊叹。

人们总是可以敏感地觉察到自己的苦处，却对别人的痛处缺乏了解。他们不了解别人的需要，更不会花工夫去了解；有的甚至知道了也佯装不知，大概是没有切身之苦、切肤之痛吧。

《战国策·中山策》中记载了这样一个故事：中山国的国君宴请国都里的士人，大夫司马子期也在宴席中。中山国君在分发羊羹的时候，由于羊羹不够没有分给司马子期。司马子期感觉受到了慢怠，一生气便跑到楚国去了，还说动楚王来攻打中山国。中山国打不过楚国，国君只得逃亡，有两个人提着武器跟在他身后。中山国君回头问这两个人说："你们是干什么的，"两人回答说："我们的父亲有一次饿得快要死了，您赏给他一壶熟食吃，才让他得以活命。

他临死时对我们说：'如果中山国君有了危难，你们一定要拼命帮助他。'所以特来为您效命。"

中山国君听完以后仰天长叹说道："施与不在于多少，而在于正当人家困难的时候；仇怨不在深浅，而在于是否伤了人家的心。我因为一杯羊羹而亡国，却因为一壶熟食得到了两个勇士。"

中山国君对那位即将饿死的老人施与了一点儿热食，老人铭记在心，所以才会在临死的时候要两个儿子舍命报答中山国君，中山国的国君才最终得以保全性命，由此可见关键时刻拉人一把的重要性。

虽然很少有人能达到"人饥己饥，人溺己溺"的境界，但我们至少可以随时体察一下别人的需要，时刻关心朋友，帮助他们脱离困境。当朋友身患重病时，你应该多去探望，多谈谈朋友关心的感兴趣的话题；当朋友遭到挫折而沮丧时，你应该给予鼓励；当朋友愁眉苦脸，郁郁寡欢时，你应该亲切地安慰他们。这些适时的安慰会像阳光一样温暖受伤者的心，给他们希望。当你需要他们的帮助时，他们必会全力相助。

小张在某企业担任打字工作。一天中午，一位姓谭的董事走进办公室，向办公室里的职员们问道："上午拜托你们打的那个文件在哪里？"可是当时正值吃午饭时间，谁也不知道那个文件搁在哪里，因此谁也没有理睬他，这时，小张对他说："这个文件的事我虽然不知道，但是，谭先生，这件事交给我去办吧，我会尽早送到您的办公室的。"当小张把打好的文件送给董事时，董事非常高兴。

几周之后，小张高兴地向她的同事宣布：她升迁了。显然，小张的热心和办事利落获得了董事的赞赏，董事在董事会上对她大力推荐。

生活中，不妨做个有心计的人，在关键时刻拉人一把，因为有时候即使不很费力地帮别人一把，别人也会牢记在心，投之以木瓜，报之以琼瑶，下回你有事去求他的时候就什么都好说了。

帮人到底，人情做足

人情是中国人维系群体关系的最佳手段和人际交往的主要索链。朋友之间没有人情往来，友谊就会淡漠，甚至消失。

想把人情做足，好人做到底，你就要想朋友之所想，急朋友之所急，在他最困难、最需要帮助的时候，给朋友一个人情，这样的"杀伤力"更大。

做足人情包含两层含义：一是人情要做完，二是人情要做得充分。

如果朋友求你办什么事，你满口答应没问题，但隔了几天，你给他一个半零不落的结果，对方虽然口头上不说什么，但心里肯定会说："这哥们儿真不够意思，做就做完，做一半还不如不做，帮倒忙。"

做人情只做一半，叫帮倒忙，越帮越忙，非但如此，还会影响信任度，说话不算数的朋友谁都不愿意结交。人情做一半，叫出力不讨好。

人情做充分，就是不仅要做完，还要做好，做得漂亮。如果你答应帮朋友办某种事，就要尽心去做，不能做得勉勉强强。如果做得太勉强了，即使事情成了，你勉强的态度也会让他在感情上受到伤害。比方说你买了一本好书，朋友来借，你先说："我刚买的，还没看完呢，你想看就先拿去吧。"

其实前面的废话又何必说呢？最后的结果是借给人家了，你不说也是借，说了还是借，与其说些废话还不如痛痛快快借给他。书总是你的嘛，还会回来，你尽可以看一辈子，何不把人情做圆满呢？

人情做足才有效力。人情做足了自然会赢得朋友的感激，让对方记挂一辈子。

刘邦就知道这个道理，所以，他在韩信眼中是个通情达理的人，不仅如此，刘邦还使韩信欠下了自己的人情债，使韩信不忍心背叛他。汉四年，韩信平定了齐国，他给刘邦上书，要做假齐王。刘邦大怒，刚要发火，转念一想，他现在身处困境，需要韩信的帮助，就答应了。并且说道："大丈夫要做王就做个真的，为何要做假齐王。"于是封韩信为齐王。

齐国人蒯通知道天下的胜负取决于韩信，就对他说："相你的'面'，不过是个诸侯，相你的'背'，却是个大福大贵之人。刘邦、项羽二人的命运都悬在你手上，你不如两方都不帮，与他们分天下，以你的才能，加之手握兵权，还有强大的齐国为后盾，将来天下必定是你的。"

韩信说："汉王待我恩重如山，让我坐他的车，穿他的衣服，吃他的饭。我听说，坐人家的车要分担人家的灾难，穿人家的衣服要思虑人家的忧患，吃人家的饭要誓死为人家效力，我与汉王感情深厚，怎能背信弃义反叛他呢？"

　　过了些天，蒯通又去见韩信，而且他还告诉韩信时机失去了便不再来，韩信还在犹豫，因为汉王对他情深义重，他不愿背叛汉王。

　　姑且不论刘邦以后为何处死了韩信，但就人情世故而言，刘邦很成功，他能令韩信在想到背叛他时，心生愧疚，不忍去做。

　　唐朝皇帝李隆基亲自为他手下的一个将领熬药，在吹风鼓火时，烧着了胡须，当侍从们赶来时，他莞尔一笑，说："但愿他喝了这药病就好了，胡须有什么可惜的呢？"

　　一个皇帝为他的手下亲自熬药，这真是天大的人情，把人情做得如此之足，怎不叫属下以死相报呢？人情的效力可谓大矣！
　　不光皇帝会做人情，一些著名将领也是做人情的高手。

　　春秋战国时期，有一个著名的军事统帅名叫吴起，战必胜、攻必克，威震敌胆，立下了赫赫战功。人们都很纳闷儿，同样的一支部队，在别人手中士气低落、屡战屡败，但是只要交给吴起，不用多长时间就成了一只铁血部队，不但士气高昂，而且战斗力极强，所向披靡。对此，一般人只能将其归功于吴起那高超的指挥艺术和军事才能。
　　后来人们才了解到，吴起带兵之所以能有如此成就，除了他深知兵法、谋略得当、指挥有方之外，和士卒同甘苦、共患难也是一个很重要的原因。正是因为平日里吴起对普通士兵极为关照，所以打仗的时候，士兵们才拼死抗敌，以此报答吴起，这也是吴起军队战斗力极强的缘故。

据说在一次行军途中，一个士兵身上长了一个脓疮，行走困难。吴起知道这个消息以后，赶到这个士兵的营房，在察看了病情之后，竟亲自用嘴为士兵吸吮脓血，这一幕让在场的士兵感动得涕泪俱下。

从这点来说，吴起称得上是一个深谙人心的高手，他知道怎么样才能打动人心。他平日里和士兵同甘共苦，对他们百般照顾，从而博得这些普通士兵的爱戴，使他们在战场上一往无前、英勇拼杀，可谓是把人情做到了极致。当然，如果吴起不这么做，士兵们在战场上也会拼杀，然而那只是出于士兵的职责和统帅的命令，与发自内心的主动相比，效果自然是不一样的。

把人情做足，好人做到底，你就要想朋友之所想，急朋友之所急，在朋友最困难、最需要帮助的时候，给朋友一个人情，此时效力是最大的。

救急不救穷

作为朋友，作为有心计的人，与朋友交往就要像消防队员一样，救急不救穷，要求朋友"救穷"，是在透支朋友的资源。

"天有不测风云，人有旦夕祸福。"谁没有"马高凳短"的时候？人活在世上，总有需要别人帮忙的时候，但谁又能帮别人一辈子，谁又能一辈子都靠别人帮忙过活呢？所以，有心计的人不会事事都求朋友帮忙，养成依赖的习惯。

要知道事物的发展在于内因，外界的有利因素和不利因素只能影响事物发展的过程，而最终起决定作用的仍然是事物本身。

朋友就像是消防队员，在你遇到紧急情况时才求助他们，自己能办到的还是靠自己。朋友不是你的影子,随时随地跟着你;朋友不是你的老师,发现你有错误就能及时指出,有问必答;朋友不是你的父母,可以无私地包容你的一切。朋友能做的,是在你有困难,而他们能帮得上忙时,伸手拉你一把。

请记住,朋友是一种资源,应该在最需要的时候用。朋友是消防队员,救急不救穷,这有两个问题,一是指如何利用朋友资源,何时应该请求朋友的帮助;二是指应如何帮助朋友,有求必应说的是天神,而非朋友。

有心计的人明白,朋友是一笔资源,可以使用却不宜透支。朋友之间交往不可避免地会涉及金钱问题。这里有一则真实的故事。

马涛和张磊从小学到大学一直是同学,是好朋友。但过了13年后,两人的情况却相差悬殊。张磊是一个私营印刷厂的老板,马涛在一个县城中学当教师。当然这并未妨碍张、马二人继续是朋友。不过一个两袖清风的教师和一个腰缠万贯的老板该如何相处呢?

马涛的妻子是个下岗女工,儿子强强今年8岁,正上小学,花费颇大,只靠马涛一个月1000多元的工资维持生活,日子有些艰难。马涛不因此而向张磊开口借钱。一是因为情况还不算太坏;二是这不是一次能解决的问题,这月借了,下个月怎么办?难道不断地借下去吗?而且,马涛的经济情况也不是一时半会就会转好的,如果借了钱何时才能还呢?可不幸的是,强强出了车祸,手术的费用得4万元左右。这时候,马涛没有选择,只好向张磊借钱了。一个人能有几个一下拿得出4万块钱而又愿意这样做的朋友呢?这是从马涛的角度来讲的。

从张磊的角度来看,假如马涛零零星星地从自己那里借了些钱，当做生活费用掉了，当然，这笔钱对张磊来说算不了什么，他不会在乎，可朋友关系却从此不再平衡。吃人家的嘴短，拿人家的手软，马涛难以用平等的心态对待张磊，难免会产生不平衡、自卑的心理：想当年你我差不多，甚至你还不如我，凭什么你现在就可以大把大把地捞钱，我却只能靠跟你借钱来维持生活。本来应该有的感激之情也荡然无存，反而心怀恶意。

假如零星借来的钱被马涛一家用掉了，本来没有这笔钱也可以过得去，少吃几次肉几次鱼也就罢了。张磊的钱对他们的生活没有多大影响，但一旦借了些钱，马涛近期又难以偿还，这对马涛是一个心理负担，主要是对马涛的自尊心有影响，这种情况长期持续下去，马涛在张磊面前慢慢就会失掉自尊，开始自卑，一个没有自尊的人是什么事都会干得出来的，张磊借钱是好心帮助他，却不一定有好的结果。

如今马涛因儿子的意外而向张磊借钱，这笔钱对马涛的意义非常重大，借到钱的马涛自然会因此对张磊心存感激。

救急不救穷，帮朋友不应该只限于金钱方面，而应该是给朋友一根拐杖，让他自己站立起来。小孩学走路，父母不是一直用手牵着他们，而是在他们要摔倒时，赶紧上来扶一把。做朋友也应如此。

即使你们是很好的朋友，你也不可事事都向朋友求助，把朋友资源都零零星星地透支了。做人做到这个分上应是很失败的。

第四章 ▷

摸清对象，看准特点求人

人不可能事事都靠自己搞定，在许多情况下都必须求人办事。求人办事要想顺利成功，就一定要深入了解对方，看清对方的特点。有时候从对方的眼神和一些不经意的动作中就能洞察对方的性格。再根据不同对象的不同特点投其所好，对症下药，利用各种方法，把事情办好。

看准特点求人

有病不能乱投医，求人办事之前，一定要对办事对象的情况做客观的了解，根据各种人的身份地位、性格爱好和其心理采取不同的处理方式，并把握分寸，才能把事情办好。

孔子是我国著名的教育家，他知识渊博，门下的弟子众多，但是孔子教育这些弟子从来都不搞一刀切，而是因材施教，针对不同个性的弟子施以不同的教育方法。

有一次，弟子子路问孔子："做事要三思而后行，对吗？"

孔子说："对，就应该这样。"

过了两天，另外一个弟子冉有又问孔子同样的问题，可孔子却说："只需要考虑两遍就可以，不用三思。"

针对同一个问题，孔子却有两种不同的回答，人们很不能理解，于是就问孔子："同样的问题，两个不同的弟子，为什么您给出的答案却不一样呢？"

孔子说："我是按照他们两个人的性格特点作答的。子路为人鲁莽，不喜欢思考，所以我告诉他做事要三思而后行，以免他没有考虑成熟而在仓促之间作出决定；冉有生性优柔寡断，对于一些事情往往是前思后想却难以做出决定，所以我告诉他考虑两次就行了，没必要考虑三次，用意在于鼓励他大胆尝试。"

人们恍然大悟，纷纷称赞孔子教育方法得当。

　　教育要因材施教，求人办事的时候也要因人而异。如果对方重感情多于理智，那就以情动人；如果对方谨慎有条理，那么自然就应该同他说理。

　　在做事的时候因人而异，对不同的人使用不同的方法的事例有很多，隋朝的徐文远也是这方面的典范。

　　徐文远祖上本为南朝贵族，因为战乱，幼年时跟父亲一同被抓到长安。当时生活十分艰苦，经常是食不果腹，可徐文远没有因此而自暴自弃，反而勤奋好学，通读经书，成为著名的学者，并开馆授徒。隋末唐初的一些风云人物，如杨玄感、王世充、李密等，都曾经在他门下学习过。

　　隋朝末年，洛阳一带因为战争而民不聊生，徐文远的生活也很艰难，不得不外出谋生，被昔日的学生、瓦岗军领袖李密碰上。李密便把徐文远请进了自己的军队里，好生招待，尊敬有加，并请求徐文远留在军队中为他出谋划策。

　　徐文远没有立即答应李密的要求，而是给李密讲了一番大道理，意思是说要自己帮他可以，但是李密必须要有忠义之心，心怀天下，不可胡作非为，祸乱百姓。李密一一答应后，徐文远才在李密的军营中留了下来。

　　后来李密行动失败，徐文远又归顺了自己的另外一个学生——驻守洛阳的王世充。王世充见老师归顺于他十分高兴，赐给他锦衣玉食。同样是昔日的学生，徐文远对王世充的态度却十分谦恭，每次见到都对他行君臣之礼，丝毫不敢怠慢。

　　有人知道了这件事情以后很是诧异，就问他："听说您对李密非常不客气，并坦然地接受他的尊敬，可是对王世充怎么会如此恭敬呢？他们二人同样都是您的学生啊！"

徐文远说："李密是个干大事的人，所以我用狂傲的方式对他说话，对他态度不客气，他也能够接受。王世充却不同，他是一个阴险狡诈之人，不用说我只是他的一个老师，为了自己的利益，就是他的至亲都有可能被他杀害，所以对他说话、行事我必须小心谨慎才行。同一件事情，面对的人品性不同，自然应该采取不同的应对方法，难道不是这样吗？"

后来徐文远投降了唐朝，也受到唐太宗李世民的重用。

待人如此，求人办事也是这样，面对不同类型的人就应该采取不同的方法，所谓因人而异、看菜做饭，就是这个道理。诸葛亮在这方面的功夫可以说是炉火纯青了。

《三国演义》中，马超率兵攻打葭萌关的时候，诸葛亮私下对刘备说："只有张飞、赵云二位将军，方可对敌马超。"这时，张飞听说马超前来攻关，主动请求出战。诸葛亮佯装没听见，对刘备说："马超智勇双全，无人可敌，除非往荆州唤云长来，方能对敌。"

张飞说："军师为什么小瞧我！我曾单独抗拒曹操百万大军，难道还怕马超这个匹夫！"

诸葛亮说："马超英勇无比，天下的人都知道，他渭桥六战，把曹操杀得割须弃袍，差一点儿丧命，绝非等闲之辈，就是云长来也未必能战胜他。"

张飞说："我今天就去，如战胜不了马超，甘愿受罚！"

诸葛亮看作用起到了，便顺水推舟地说："既然你肯立军令状，便可以为先锋！"

性格有时会影响做事的效果。诸葛亮针对张飞脾气暴躁的性格，常常采用"激将法"。每当遇到重要战事，先说他担当不了此任，或说怕他贪杯酒后误事，激他立下军令状，增强他的责任感和紧迫感，激发他的斗志和勇气，扫除他的轻敌思想。

我们在求人办事时，虽然被求者的情况有种种不同，如对方的兴趣、爱好、长处、弱点、情绪、思想观念等，这些都是需要注意的内容，但身份与性格无论如何是很重要的"情况"，不得不优先注意，因此，我们在求人办事之前，一定要对办事对象的情况作客观的了解。

洞察对方的性格

洞察他人的性格办事的学问非常深。而求人办事要想顺利首先要洞察你面前的人的性格。尤其是对一些特殊人物，比如十分聪颖的人或十分虚伪高傲的人，要想能操纵他、制伏他，首先必须深明他的特点，以此找到突破口。

勃伦狄斯曾向我们讲过芝加哥巨商费尔特测验他的情形：

为了找到一份称心如意的工作，年轻的勃伦狄斯向费尔特自荐。费尔特有一种习惯，就是对所有求职自荐的人都亲自接待，一一洽谈。

后来勃伦狄斯惊讶地说："我从未见过像费尔特这样细心的人，他问出的那些细小的问题简直令人难以置信。费尔特知道我曾在家乡的小镇当过骡夫，于是他连我饲养过的骡子的名字也细细过问。"

费尔特如此细心地去品评、洞察他人，主要是要了解他所雇佣的人的特点。正如他本人所说："如果我不亲自去品评、了解、认识他的性格、特点及能力，我将把何种事情交给他做呢？我又怎样去借助他为我的公司效力呢？"

当我们观察一个人时，应当留心：他全神贯注的是什么？他常常忽略的是什么？他喜怒忧愁的是什么？什么事情能使他震惊？他骄纵或发脾气又是为了什么？倘若我们能将他人上述的这些特点觉察出来，那么我们就能了解、掌握这个人的性格，明了在某种环境之下，这个人估计会出现怎样的感觉和行动。

比如说，某人有了困难，他害怕吗？他会战胜它吗？他想把责任推在别人身上吗？他的名誉观念会让他勇于承担责任并想方设法来保护与此事有关的旁人吗？这人究竟如何去做，我们一下子是很难断定的，但是，如果我们事先对此人就有所观察和了解，那么至少可以从他所经历的或者干过的那些事情中寻找线索，找出他有可能的对此类问题的反应。

一般来说，一个人的性格特点往往通过自身的言谈举止、表情等流露出来，如，那些快言快语、举止简捷、眼神锋利、情绪易冲动的人，往往是性格急躁的人；那些直率热情、活泼好动、反应迅速、喜欢交往的人，往往是性格开朗的人；那些表情细腻、眼神稳定、说话慢条斯理、举止注意分寸的人，往往是性格稳重的人；那些安静、抑郁、不苟言笑、喜欢独处、不善交往的人，往往是性格孤僻的人；那些口出狂言，自吹自擂，好为人师的人，往往是骄傲自负的人；那些懂礼貌、讲信义、实事求是、心平气和、尊重别人的人，往往是谦虚谨慎的人。对于这些不同性格的对话对象，一定要具体分析，区别对待。

无论跟什么样的人求人办事，我们都应首先摸透他的性格，依据其性格、"对症下药"，这样才容易"药到病除"，办事成功。

投其所好，攻其软肋

要想把事情办好，寻找对方的软肋，找到对方的弱点，投其所好是一个很好的办法。

某大型跨国集团的老总博基耶夫是一位非常著名的商人，他对机电行业有很多革新创造，并一手创建了自己的公司，获得了巨额财富。

发财致富以后，博基耶夫将大量的钱财捐献给了慈善事业，并曾经在一个城市捐钱修建了一所音乐学校和一座漂亮的大剧院。

尽管博基耶夫乐善好施，但是他的工作确实很忙，这给那些希望跟他做生意的商人们带来了很大的麻烦，因为博基耶夫给他们的洽谈时间通常都不超过5分钟，这一点儿时间根本不足以说服博基耶夫接受他们的方案。

西伯利亚一家制造桌椅板凳的公司很想将他们的产品推荐给刚竣工的音乐学校和大剧院，显然这样的事情最好能跟博基耶夫本人商谈，不过博基耶夫的助理提醒这位桌椅板凳公司的负责人艾米说："博基耶夫先生工作太忙，正常来说他只有5分钟的时间接待你。"

当艾米走进博基耶夫的办公室时，先打量了一眼办公室，看见博基耶夫正在办公桌旁埋头工作，心中有了主意。

过了一会儿，专心致志工作的博基耶夫才发现艾米，先跟他打了一声招呼，然后询问他有什么事情。

艾米在做完自我介绍之后，没有谈及生意，而是用充满羡慕的口气说道："博基耶夫先生，我刚一走进您的办公室，就被惊呆了。您知道我是一个普通的小商人，从来没有见过这么漂亮的办公室。假如我能够拥有这样一间办公室，我一定很乐意在这里工作。"

很显然，艾米的话引起了博基耶夫极大的兴趣，他欣然说道："你的话提醒了我。这间办公室确实布置得非常漂亮，当初刚装饰好的时候，我也非常喜欢，但是现在，因为事情太多，根本无暇顾及它，就算是整天坐在这里，也没有工夫去多看它一眼。"

艾米走到博基耶夫的办公桌前，摸着光滑的桌面，问博基耶夫："这是英国橡木制作的吗？据我所知，一般人用的都是意大利橡木。"

博基耶夫肯定了艾米的眼光，说道："你说得很对，这是从英国运来的。我有一个朋友懂得木料的好坏，这是他亲自为我挑选的。"

就这样，两个人逐项评论房间的装修配置、装饰工艺，聊得非常投机。接下来还谈到了工作、生活、经商等，时间也远远不止5分钟。最后艾米不仅得到了自己想要的合同，而且跟博基耶夫成为好朋友。

在求人办事的时候，有一点是非常重要的，那就是投其所好。很显然，艾米之所以能够得到那份合同，并和博基耶夫成为好朋友，关键就在于他找到了博基耶夫的"软肋"，并重点进攻。

一个人的弱点在哪里？那就是喜好。在求人办事的时候如果能够很好地利用对方的喜好，那么你获得成功的可能性就会大增，看看李先生的故事你可能就更清楚了。

李先生是一位推销员，推销的是天然绿色食品。有一次，他到一个住户的家中，跟对方讲起了绿色食品。虽然他把这种食品的优点和特长说得淋漓尽致，然而女主人似乎并不感兴趣。见此情形，李先生只好识趣地准备告辞。

还没走到门口，李先生不经意间发现了对方的阳台上放着几盆花，其中有一盆紫色的花看起来非常漂亮。李先生平素对花草也颇有研究，但却不知道这盆花是什么，便好奇地指着那盆花问对方："如此漂亮的花，我在别的地方从来没有见过，它是什么花啊？"

那位女主人有些自豪地回答说："这种植物确实很罕见。有一位朋友知道我爱花，特地从国外带回来给我的，听那位朋友说这种花草叫什么里亚，是兰花的一种。因为名字很拗口，而且这花带紫色，有一种优雅的风情，所以我一般都叫它紫兰。"

"好漂亮！我想它一定不便宜吧？"李先生赞叹了一声，又好奇地问道。

"还可以吧！那朋友说国外买的时候也就 100 多美元。"女主人回答。

"那就是 700 元左右了！好栽养吗？"李先生逐渐把话题转向了盆栽。

"不是很容易，需要精心呵护，照顾不周的话很快就死了。"看着那盆漂亮的兰花，女主人的语气里有着几分自豪。

于是两个人围绕着盆栽谈论了起来。在女主人滔滔不绝的话语中，李先生不时说上一两句中肯的话，倒也颇合对方的心意。

后来李先生逐渐把话题转到食品污染上来，这引起了那位女主人的共鸣，大肆批评当前人们滥用农药，导致很多东西吃起来都不健康。

　　李先生见是火候了，就诚恳地劝说对方试试自己所推销的这种产品。结果女主人爽快地答应了，并邀请他有时间再来这里做客，一起探讨盆栽的知识。

　　李先生之所以能够在推销即将失败的时候力挽狂澜，让女主人买下了自己的产品，最关键的就是他找准了女主人的喜好，并对症下药，果然一举奏效。

　　在办事的时候不妨多从细节出发，察看对方的弱点和软肋，并投其所好，那么你将更有机会获得自己想要的东西，达到预期的目的。

洞察对方的虚荣心

　　汉代的大辞赋家司马相如，出川漫游，一篇《子虚赋》博得了海内文名。当时的博雅之士，无不以结识司马相如为荣。

　　有一次，司马相如外游回成都的路上，路过临邛。临邛县令久仰司马相如的名声，恭请其至县衙。此事惊动了当地富豪卓王孙，他也想结识一下司马相如，以附庸风雅，但他仍摆脱不了商人的庸俗，故而名义上请司马相如，但实际却是请县令王吉，让司马相如作陪。司马相如本来看不起这些无才暴富之人，所以压根没准备去赴宴。

　　到了约定日期，司马相如却没有来。卓王孙如热锅蚂蚁，王吉只好亲自去请。司马相如驳不过王吉面子，来到卓府。卓王孙一见他的穿戴很朴素，心中早已怀瞧不起之意，司马相如全然不顾这些，大吃大嚼，只顾与王吉谈笑。

　　忽然，后院楼上传来悠扬婉转的琴声。这琴声似流水潺潺滑过溪涧，又似微风拂过微皱的水面；似骏马奔驰原野，又似惊涛拍岸……原来这是卓王孙的女儿卓文君所奏。卓文君一向爱慕司马相如的相貌和才华，听闻司马相如来到，于是故意弹奏一曲向司马相如表达爱慕之心。司马相如一下子停止了说笑，倾耳细听起来。此时的司马相如感到自己碰到前世冥冥注定的知音。琴声让他不仅忘却了眼前的一切，而且使他在情不自禁中忘却了自我。司马相如乘着酒兴，弹了一曲《凤求凰》向卓文君表达爱意。就在这音乐的交流与碰撞中，他们情投意合，遂定终身。卓文君当夜私奔到司马相如处，两人一起逃回成都。卓王孙知道后，气得暴跳如雷，发誓不准他们返回家。

卓文君随司马相如回到成都后才发现，她的夫君虽然名声在外，但家中却很是贫寒。用家徒四壁、一贫如洗来形容一点儿也不为过。在万般无奈的情况下，他们只好返回临邛，硬着头皮托人向卓王孙请求一些资助。不料，卓王孙破口大骂，将他们蛮横地拒之门外，并且叫来人带话让他们永远不要回来。

夫妇俩心都凉了半截儿，可是到底他们两人都有才，很快想出了一个"绝招"。第二天，司马相如把自己仅有的车、马、琴、剑及卓文君的首饰卖了一笔钱，在距卓府不远的地方租了一间屋子，开了一个小酒铺。司马相如穿上伙计的衣服，撸起袖子和卷起裤腿，像酒保一样，又是擦桌椅，又是搬物什，里里外外忙个不停；卓文君则粗布衣裙，忙里忙外，招待来客。酒店刚开张，就吸引了许多人前来目睹这两位远近闻名的落难夫妇。司马相如夫妇一点儿也不感到难堪，内心倒很高兴，因为这正好有了一部分收入，而且还达到了他们的目的——给顽固不化的老爷子颜色看，让他也在临邛县丢丢人、现现眼。

卓王孙在临邛县也是有头有脸的一方士绅，哪里允许临邛县的父老乡亲在他背后指指点点，戳着脊梁说笑话呢？这让卓王孙很伤脑筋，撒手不管不闻不问吧，闹得满城风雨，耳朵根子实在不得清闲；去管他们吧，却又抹不开面子。正在他左右为难、一筹莫展之际，有几个朋友劝卓王孙说："俗话说得好：'嫁鸡随鸡，嫁狗随狗，嫁条扁担扛着走！'令爱既然愿意嫁给他，就随她去吧。再说司马相如毕竟有相当的过人之才，而且还是县令的朋友。尽管现在贫寒，但凭他的才华，将来一定会有出头的日子，应该接济他们一些钱财，何必与他们为难呢？"

这样一来，尽管卓王孙气歪了鼻子，但也万般无奈。只好借着这个台阶给自己下了台。于是送给司马相如夫妇仆人两名，钱财百万。司马相如夫妇大喜，带上仆人和钱财，回成都生活去了。

那些在社会上有身份、有地位的上流社会的人是非常重视名声的。对于那些爱慕虚荣的人来说，虚荣心本身就是一大弱点。如果通过细致入微的观察，抓住了交往中对方的这一弱点，并适当地加以利用，或许还能收到"山重水复疑无路，柳暗花明又一村"的效果呢！

学会揣摩对方心理

在求人办事中，要想赢得对方的好感，使他能够为你办事，就必须时刻留意对方的兴趣、爱好，摸清对方的心思，这样才能投其所好，对症下药。然而，对方的意图往往琢磨不定，这就需要我们必须下工夫掌握他的心意，揣摩他的心理，尽量顺应他，甚至能够竖立一个"梯子"让他向上爬，这样才有利于求人办事的成功。

有这样一个故事：2003 年末，一家小型化妆品公司在总经理杰克的带领下，年销售总额达到了 3000 万美元的业绩，这对于一个还租着别人房子的小公司来说，已经是一个奇迹。圣诞夜那天，杰克为了能够让员工过上一个美好的节日，不得不去租酒店的房间来庆贺。虽然那天员工们过得都很快乐，不过杰克还是有点遗憾，他觉得如果公司能够买幢楼房，即便是旧的楼房，大家在属于自己的房子里快乐工作、过圣诞，岂不是更好？

2004 年新年，杰克就向员工提出了要把公司现在租赁的整幢楼全买下来的想法，一些员工表示赞成，不过很多人更主张买一幢新房子。正当杰克拿不定主意的时候，一位著名的房地产经纪人，兼房地产的推销员，也是杰克的老朋友——乔·梅尔来到了杰克的办公室。一见面，乔·梅尔就对杰克说："嗨！老朋友，我想你今年应该听从我的建议了吧！"杰克故作不知道的样子，"老朋友，你想让我听从你什么建议？"乔·梅尔笑了笑，指了指杰克办公室说道："我是知道的，你们公司的房子是租别人的，而且今年你们公司的效益非常好，员工也很多，我想你们早应该有属于自己的房子了。"其实，乔·梅尔不止一次给杰克提到这个问题，然而因为种种原因都被杰克给拒绝了。

这次杰克听完朋友的话后，并没有像以前那样说乔·梅尔是一个很讨厌的推销员，而是从自己的办公室窗户望出去，只见江中船来船往，码头密集，这是多么繁华热闹的景致呀！杰克想了想，回答说："是，的确我今年想买房子……如果我要买的话，也必须能看到这样的景色，或是能够眺望港湾的，请你去替我物色一所相当的吧。"

乔·梅尔听完杰克的话，非常高兴。于是，乔·梅尔费了好几个星期的时间来琢磨一所相当的房子。他又是画图纸，又是核预算，但事实上这些东西竟一点儿也派不上用处——他仅凭着两句话和5分钟的沉默，就卖了一座房子给杰克。

不用说，在许多"相当的"房子中间，第一所便是杰克公司隔邻的那幢楼房，因为杰克所喜爱眺望的景色，除了这所房子以外，再没有别的地方能与它更接近了。可惜的是，乔·梅尔早就知道了杰克公司隔邻的那幢楼房已经有人买下了。不过，杰克似乎很想买隔邻那座很时髦的房子，并且据他说，有些同事也竭力想买那座房子。

当乔·梅尔第二次请约杰克去商讨买房之事时，乔·梅尔却劝他买下杰克公司本来住着的那幢旧楼房，同时还指出，隔邻那座房子中所能眺望到的景色，不久便要被一所计划中的新建筑所遮蔽了，而这所旧房子还可以保全多年对江面景色的眺望。

杰克立刻对此建议表示反对，并竭力加以辩解，表示他对这所旧房子绝对无意。但乔·梅尔并不申辩，他只是认真地倾听着，脑子飞快地在思考着，究竟杰克的意思是想要怎样呢？杰克始终坚决地反对买那所旧房子，这正如一个律师在论证自己的辩护，然而他对那所房子的木料、建筑结构所下的批评，以及他反对的理由，都是些琐碎的地方，显然可以看出，这并不是出于杰克的意见，而是出自那些主张买隔邻那幢新房子的职员的意见。

乔·梅尔听着听着，心里也明白了八九分，知道杰克说的并不是真心话，他心里实在想买的，却是他嘴上竭力反对的他们已经占据着的这所旧房子。

由于乔·梅尔一言不发地静静坐在那里听，没有反驳他，杰克也就停下来不讲了。于是，他们俩都沉寂地坐着，向窗外望去，看着杰克非常喜欢的景色。

乔·梅尔不愧是一个优秀的推销员，他把一切都观察得非常细微。紧接着，乔·梅尔觉得时机已经成熟了，于是眼皮都不眨一下，非常沉静地说："老朋友，初来纽约的时候，你的办公室在哪里？"杰克沉默了一会儿才说："什么意思？就在这所房子里。"乔·梅尔等了一会儿，又问，"那你的公司在哪里成立的？"杰克又沉默了一会儿才答道："也是这里，就在我们此刻所坐的办公室里诞生的。"杰克说得很慢，乔·梅尔也不再说什么。就这样过了 5 分钟，简直像过了一个小时的样子。他们都默默地坐着，大家眺望着窗外。

终于，杰克以半带兴奋的腔调说："我的职员们差不多都主张搬出这座房子，然而这是我们的'发祥地'啊。我们差不多可以说都在这里诞生的，成长的；这里实在是我们应该永远长驻下去的地方呀！"于是，在半小时之内，这件事就完全办妥了。

乔·梅尔之所以能做成这桩生意，就在于他能研究出杰克的心思，并使用巧妙的攻心法解决了这个矛盾。

我们在求人时，必须让对方自己情愿。而我们要达到让他们情愿这个目的，就要摸透他们的心理，寻找突破口来化解对方心中的矛盾和顾虑，为他们寻找一个合适的理由，也就是说，想让人家上房，先给人家准备好梯子。唯有这样，我们才有从某种方式去影响、打动他们的希望，使事情达到我们的期望。

人世间有很多道理是相通的，做事需要我们考虑别人的需求，说话、交流也必须要重视他人的需要。每个人从小学起就有这样的认识：写作文，最怕的就是文不对题。求人办事也是这样，最忌讳"南辕北辙"。试想，如果你是个数学老师，你却在课堂上大谈历史；

面对农民，你满口航天科技，滔滔不绝；领导因产品销路不畅心情不好，你却对本单位的管理问题大加分析。可能你讲得很对，有时也很有道理、很有价值，但人家不需要。"对牛弹琴"的结果顶多不过是白费点力气，可你的交流对象是人，有时还是掌握你命运的上司和领导，如果你真的这样做了，后果可能就远远不是白费点嘴皮子那么简单了。

我们在求人办事之前要明白，对方想听什么、爱听什么、最需要什么，否则，不管你用什么方法请求别人帮忙都是白费工夫。也就是说，求人办事要揣摩对方的心理。

首先，你要清楚地了解对方的过去。当然，你不需要像一个侦探一样事无巨细，因为你需要的不是他的全部，只需留心他的日常言行，倾听周围人群的谈论，你就会对他的处世风格、性格爱好、优长缺点等了如指掌。

其次，你要关注对方的现状。你跟对方交流，应该是有目的的。知道对方的现实问题和急需之处，你在说的时候就不会无的放矢。

最后，你要为对方提点建议。双方交谈总是有一定内容的，而且这些内容必须倾向于为对方解决问题，创造未来。也许你说的东西不一定非常管用，但没关系，至少你的目的已经达到，你们的关系也会因为默契的交流而更加密切。

如何看穿对方心灵

在求人办事过程中，若想成功地说动别人，你要做的第一件事，就是看穿别人的心。只有这样，才能分清哪些人是可以被说动的，才能摸准他们有哪些地方可以"重点进攻"，才能决定自己应当采用什么样的办法去说动他们，否则，你将碰一个大钉子，撞晕了都不知道撞在什么上了。

看穿别人的心，特别是看穿初次相识的陌生人的心，其实也不难。再高明的人，也会在不知不觉中把自己的内心世界暴露出来，只不过暴露的程度、方式有所不同罢了。

下面介绍几种在第一次见面时如何看穿别人心灵的方法。

从对方打招呼的方式看他的内心

即使是一个看似简单的打招呼，也能给你制造了解对方内心的机会。你可以看看，以下列举的外在表现与所分析的内心世界是否一致。当然这种分析总会有一些例外，但大体上应该是准确的。

一面紧盯对方，一面行礼的人，对对方怀有警戒之心，同时也怀有想占尽优势的欲望；凡是不敢抬头仰视对方的人，大部分都是内心怀有自卑感的；使劲儿与对方握手的人，具有主动的性格和信心；握手的时候，无力地握住对方的手，表示他有气无力，是性格脆弱的人；握手的时候，手掌心冒汗的人，大多数是由于情绪激动，内心失去平衡；握手的时候，如果目不转睛地注视着对方，其目的要使对方在心理上屈居下风；虽然不是初次见面，但始终都用老套的话向人打招呼或问候，这种人具有自我防卫的心理。

从对方的癖好看他的特性

喜欢搔弄头发的人，凡是涉及有关自己的事情时，他们马上会显得特别敏感；一面说话，一面拉着头发的女性，大体上是很任性的女人；说话时常常用手掩住自己嘴巴的女人，是有意要吸引对方；拿手托腮成癖的人，可能是要掩盖自己的弱点；不断摇晃身体，乃是焦灼的表现，这是为了要解除紧张而表现出来的动作；双足不断交叉后分开，这种癖好表示不稳定，如果女性这样做时，也许就表示她对某位男性怀有强烈的关心之意。

从小节看对方性格

常常低头的人：这类人属于慎重派。讨厌过分激烈、轻浮的事，属于孜孜勤劳型，交朋友也很慎重。

两手腕交叉的人：这类人抱持着独特的看法。给人冷漠的感觉，属于吃亏型的人，稍微有些自我主义。

把手放在嘴上的人：这类人属于敏感型，是秘密主义者，常常嘴上逞强但内心却很温柔。

到处张望的人：这类人是具有社交性格的乐天派，有顺应性，对什么事都有兴趣，对人好恶感强。

摇头晃脑的人：日常生活中常见有人用摇头或点头以示自己对某事某物的看法，这种人特别自信，以至于唯我独尊。他们在社交场合很会表现自己，对事业一往无前的精神常令人赞叹。

边说边笑的人：这类人与你交谈时你会觉得非常轻松愉快，他们大都性格开朗，对生活要求从不苛刻，很注意"知足常乐"，富有人情味。感情专一，对友情、亲情特别珍惜。

掰手指节：这类人习惯于把自己的手指掰得"咯嗒咯嗒"地响。他们通常精力旺盛，非常健谈，喜欢"钻牛角尖"。对事业、工作环境比较挑剔，如果是他喜欢干的事，他会不计任何代价而踏实努力地去干。

腿脚抖动：这类人总是喜欢用脚或脚尖使整个腿部抖动，这样的人可能很自私，很少考虑别人，凡事从利己出发，对别人很吝啬，对自己却很慷慨。他们往往很善于思考。

摆弄饰物：有这种习惯的人多数是女性，而且一般都比较内向，不轻易使感情外露。她们的另一个特点是做事认真踏实。

耸肩摊手：习惯于这种动作的人，通常是摊开双手，耸耸肩膀，表示自己无所谓的样子。他们大都为人热情，而且诚恳，富有想象力。会创造生活，也会享受生活，他们追求的最大幸福是生活在和睦、舒畅的环境中。

抹嘴捏鼻：习惯于抹嘴捏鼻的人，大都喜欢捉弄别人，却又不敢作敢当，爱哗众取宠。

仰起上身：坐在那里，仰起上身，状若有所思的人，可以从他面色的不同，而判断他想的是什么。面露微笑者表示他构想中的事，八成会成功；面露愁色者表示他构想中的事，前途难料，或是可能已经无望；面露怒色者表示他构想中的事，绝对无望。

摸膝盖：爱摸膝盖的人往往自负之心颇高，容易得意忘形而招来困局。

抚抓头发：刚坐下就不断地抓头发，有这种习惯的人可能性子很急，喜欢速战速决。

喜欢躲在角落：客厅有舒适的沙发，他偏偏要选个角落，离人独坐，有这种习惯的人，才能平庸，不足以挑大梁；四处为家，不喜欢跟别人来往太密；行为鬼祟，难以看出他在动什么歪脑筋。

沉稳大方：这类人坐下来的时候，挺胸，肩平，一副四平八稳、泰然自若的模样，待人亲切，一视同仁，稳扎稳打，事业易成。

从眼神看对方的性格

眼睛是每一个人心思、心性以及个性的总缩影，所以说眼睛为"灵魂之窗"，实不为过。同时眼睛也是一个人的心理、心性直接映射表现的聚点，从眼睛可以看出一个人在情绪上的反应，显示出他的性格，以及显出的各种情绪上的变化。

圣贤孟子曾经表示从一个人的眼睛里面，可以看出一个人的喜、怒、哀、乐、怨、恨、情、仇以及各种情绪上的变化，因为眼睛能透露心中所隐藏的秘密，所以说，眼睛会说话，同时它也是人与人直接交流时的一种仪表盘。

如果一个人心术不正，从眼睛里面可以看得出来。"眼正则心正，眼邪则心必邪"。眼和者为眼善，为人心地一定善良，有慈悲的胸怀；眼恶者心必恶，恶则薄情而寡义，交之无益，反而有害。

与人面对面说话时眼光平视注意着对方：这类人为人心性诚实，待人和气，有一颗慈悲的心，而且处事公正，做事光明磊落，心地善良，又有责任感，有家庭观念，同时热心公益，做善事绝不落人后，在事业方面会有成就。

与人面对面说话时眼睛习惯常常上视的人：这类人心性骄傲，脾气急躁，个性不好，品性不好，叛逆心强，好胜心也强，忌妒心重，甚至于目中无人，目无尊长，而且有心不在焉的毛病，心态也不能平衡，报复心重。这种人容易惹是非，甚至于官司缠身。如果没有改变心性、个性、改变坏脾气的想法，同时不能保持心态平衡的话，将来对自己对社会都会带来很多不必要的麻烦，导致一生的事业高不成，低不就，成少败多或穷困潦倒。如果能改变心态的不平衡以及心性、个性、脾气，并且能自我修持，那么这些不如意的事情或不必要的麻烦，会减轻到最低的限度。

与人面对面说话时眼睛习惯性下视的人：这类人内心可能很阴险奸诈，个性倔犟顽固，天生自卑感重，又过于拘束谨慎，心存阴谋诡计，而且猜疑心、忌妒心很重，同时气量狭窄，自私心重，忧虑心也重，处理事务优柔寡断，对自己缺乏信心，依赖心重，一生事业高不成，低不就或成少败多。

与人面对面说话时眼睛习惯性半开半闭的人：这类人为人心机很深沉，手腕老练，多工于心计，社会经验丰富，很会利用人际关系，但可能雅量不够，心胸比较狭窄，这种人的内心比较空虚又有寂寞感。

与人面对面说话时眼睛常常偷视的人：这类人可能心性不稳定，为人虚荣心重，有较强的功利心。

与人面对面说话时眼神左右乱视飘忽不定的人：这类人可能心术不正，心态不能平衡。说归说、做归做，心口不一，心思也不正，会奉承有利用价值的人，会设计别人，暗算别人。

与人面对面说话时眼睛会笑的人：这类人为人聪明有才华，而且圆滑，天生异性缘浓，善于交际，工于心计，社会经验丰富，观察能力强又懂得人心的弱点，这种人表面上看起来很有亲和力，在事业上往往比较成功。

与人面对面说话时眨眼睛次数过于频繁的人：这类人为人心机比较深沉，又懂得利用人际关系，社会经验丰富手法老练，临时防御力强。为人聪明，智能超群，口才流利，能言善道，圆通多智，因为不怕打击常立于不败之地。

眼神看起来尖锐的人：这类人天生反应迅速，聪明超群，智能好，临时防御力强，个性怪异，性急，恃才傲物，天生好大喜功，好高骛远，有大志，喜大言，说话欠谦逊，不管别人的想法与看法，为人现实又会掩饰自己的表情与缺点，缺乏修养是致命伤。

与人面对面说话时眼神看起来很安静，眼睛清澈而有神的人：这类人为人心地平和，仁慈又有爱心，心胸坦荡开朗，做事光明磊落，待人处世和蔼可亲，凡事以和为贵，在事业上和学术方面都有一番成就与作为，这种人智能超群，能忍辱负重，有责任感，自我修持涵养都很好，为超脱凡俗之人。有德有为可推心置腹，有君子之相，同样能贵能富。

从面部动作观察对方

想要提高求人办事时的成功率，就不能不注意对方的面部表情。

嘴巴的动作

嘴巴的动作是表达感情的方式之一，而最显著的动作为笑。笑是最容易露出牙齿的动作，对动物做这个动作可能解释为威吓对方，但对人类而言则是代表友善。笑有微笑、大笑、狂笑、傻笑，含蓄地笑、苦笑、忍不住笑，等等。一般而言，有笑声的场合，都能轻松地消除紧张气氛，较容易增加人与人之间的亲密度，若有人在谈话场合露出笑脸，更有助于人与人的和谐关系。

除了笑之外，其他的嘴部动作也有各自的意义。

舔唇，表示友好（同意）的意思。

舌头在口腔内打转，表示不同意的意思。

嘴唇紧闭，下唇干燥时，表示不同意的意思。

压紧下唇，故作紧张状态，表示不同意的意思。

用力上下咬牙，使两颊肌肉颤动，面颊抽筋状，也表示不同意。

对鼻子的动作

人的鼻子十分奇妙，许多文豪利用鼻子作为小说的题材，并不是没有原因的。翻开童话故事主角的性格，国王是老鹰鼻，好好先生是朝天鼻，酒鬼定是酒糟鼻，由此可知鼻子是给他人印象的关键。

在心理学方面把鼻子和手指作为一种关联，有下列的动作：

把食指顶在鼻子翼旁，表示怀疑的意思；摸鼻子，表示不能接纳你，拒绝的意思。

下巴的动作

下巴的动作虽然极为细腻，但却能反映一个人的心理。站在镜子前将下巴抬高或缩起，会产生不同的判别印象。下巴抬高时，胸部及腹部都会突出，有骄恃、自大的样子；反之将下巴缩起，稍似驼背，个性上显得很懦弱、气馁，若此时观察对方，将会发现其眼球向上翻滚，仿佛怀疑心重。由此，我们做出一个大致的判断：下巴抬高说明此人十分骄傲，优越感、自尊心强，望向你时，常带否定性的眼光。下巴缩起说明此人仔细，疑心病很重，容易闭塞自己，对他人发言的内容不易相信。

如何请爱挑剔的人办事

在公关办事过程中，什么人都可能遇见，最难打交道的莫过于爱挑剔的人了。不过不用着急，这就向你传授几招，怎样对付爱挑剔的人。

这是一则流传很广的故事：飞机快要起飞了，一位乘客请求空姐给他倒一杯水吃药。空姐很有礼貌地说："先生，为了您的安全，请稍等片刻，等飞机进入平稳飞行后，我再立刻把水给您送过来，好吗？"

十多分钟后，飞机早已进入了平稳飞行状态。突然，乘客服务铃急促地响了起来，空姐猛然意识到：由于太忙，她忘记给那位乘客倒水了，这下可糟了！

当空姐来到客舱，看见按响服务铃的果然是刚才那位乘客。她赶紧把水送到乘客跟前，面带微笑，诚恳地说："先生，实在对不起，由于我的疏忽，延误了您吃药的时间，我感到非常抱歉。"

那位乘客显得很生气，指着手表说道："怎么回事，有你这样服务的吗？我乘飞机多少次了，从来没有见过你这样的服务态度。"并拒绝了那位空姐的服务。

空姐端着水，感觉有些委屈，但是，无论她怎么解释，乘客都不肯原谅她的疏忽。

在接下来的飞行途中，为了弥补自己的过失，空姐每次去客舱给乘客服务时，都会特意走到那位乘客面前，面带微笑地询问他是否需要什么帮助。然而那位乘客余怒未消，并不理会空姐。

快到飞行终点的时候，那位乘客要求空姐把留言本给他送过去。很显然，他要投诉这名空姐。

此时空姐虽然很委屈、很无奈，但是因为事情是由于自己的疏忽造成的，所以依旧很有礼貌，面带微笑把留言本递给了那位乘客，说道："先生，请允许我再次向您表示真诚的歉意。无论您提出什么意见，我都将欣然接受！"

那位乘客张了张嘴，想说什么却没有开口，只是接过留言本，在本子上写了起来。

之后，准备接受领导批评的空姐等到的却是表扬。看到她大惑不解的样子，领导递过了那个留言本。空姐打开一看才发现，那位乘客在上面所写的不是投诉，而是表扬。其中有这样一句话："在整个飞行过程中，你所表现出来的真诚歉意和多次微笑，以及良好的服务态度深深打动了我！你的服务质量很高，下次如果有机会，我还将乘坐你们这趟航班！"

是什么让那位挑剔的乘客放弃了投诉，改为表扬呢？

正如那位乘客说的："真诚的道歉和微笑是征服人心的有力武器。"在和挑剔的人共事的时候，如果自己有错，那么就表示真诚的歉意，并立即改正。

这虽然是一个故事，但是不妨作一个假设，如果你处于空姐的那个位置，你能否把事情处理得像她那么好？面对挑剔的人，你该怎么做？

挑剔的人通常分为两种：一种是事事追求完美，要求很高；另一种是小气，故意找碴儿，属于鸡蛋里边挑骨头。在和挑剔的人共事或向他们求助时，应该注意下面几点：

尽可能让自己做得完美，让人无可挑剔。如果对方吩咐的事情你都圆满完成了，那么即使对方故意找碴儿也没有下手的地方，再挑剔的人也很难找出你的毛病。当然，达到这种程度的人毕竟有限，如果不能，再看看下面的方法。

区别对待

对于这些追求完美的人，你只要做到尽力，对方一般不会对你有过分的要求，因为他们也明白你已经努力了。

对于那些鸡蛋里边挑骨头、故意找碴儿的人，你所要做的只是做好自己的事情，不出差错即可，此外就是要尽量跟对方搞好关系，否则就算你再怎么努力，他如果存心跟你过不去，也会找出问题来的。

明白对方的要求，做好自己的事情

把自己分内的事情做好，减少错误或尽量避免错误。同时明白对方的要求，让自己做事的标准尽可能向对方的要求靠拢，争取让对方满意。

多向对方请教

在请求挑剔的人办事的时候，要多多向对方请教。所谓"以子之矛攻子之盾"，按照他的方法所做的事情，想必他不好意思挑毛病，至少也会减少从里边挑毛病的概率吧。

挑剔并不是病，而一种习惯，一种认真的习惯。如果把事做得更认真、更仔细，对方也就无话可说了，所以应对爱挑剔的人的最好办法是比对方还"挑剔"。

第五章 ▷

礼仪为先，彬彬有礼求人

礼貌是求人办事成功的前提，所以在求人办事时我们要注意自己的仪态礼仪、行为举止、衣着打扮等细节问题，给别人留下深刻的第一印象。如果对方觉得你是一个不懂礼貌、粗暴邋遢的人，就很容易对你产生反感，怀疑你的能力，办事自然就不可能成功，因此，我们在办事的过程中，要争取做一个彬彬有礼的人。

求人要以礼为先

有时候，一个很小的动作或礼貌习惯都有可能影响到办事的结果。所以，在办事的过程中一定要注意礼貌待人，才能不因小失大。

丁敏是一个软件公司的推销员，他与中关村一家电脑公司业务往来比较多。丁敏其他方面比较好，可就是有一个开关门不太礼貌的毛病。一天，他由于业务原因，多次进出此公司，终于引起了对方忍无可忍的批评。

"你小子，怎么办事呀，有意见提嘛！你怎么开关门那么用力，我怎么说你才能记住呢？难道非骂你一次才行吗？小丁，以后一定要注意！"

丁敏自认为公司与对方关系非常好，也自认为与对方公司的职员关系不一般，因而注意不够，忽略了开门关门这类看似简单却十分重要的礼仪。结果给人一种不讲礼貌、粗暴的印象，所以才会得到对方的直言不讳的批评。

即使对方是自己的老主顾或比较熟悉的朋友，也要多加注意。如果因为自己与对方比较熟悉，而不再约束自己，放松了对自己的要求，不太注意礼节问题，就容易造成与上述例子类似的情况。

礼貌待人，这个道理许多人都很清楚，也很明白，也时常这样来要求别人，可自己做起来却并不一定就完美、轻松。这是一个习惯问题。所以我们必须从平时的一点一滴做起，加强修养，这样在求人时才会事半功倍。

人的坐姿也是十分重要的。求人办事时为了给对方一个良好的印象，表现出自己的修养，一般宜端正姿势，静静地坐下，以等待对方的接待为好。比如：坐在椅子上，自然大方一些，把双手放在扶手上，不紧不松，力求自然舒服。双脚也不可开得太大，不要右手拿着烟，跷着二郎腿，口里吐着烟雾，一副满不在乎的样子。

另一个是位子问题。切忌不可坐在主位上，而应坐在侧面的位子上。因为自己是来求人办事的，最好坐在靠近房门的位置，可也不能离主位太远，适度最宜。座位与主位的远近，要由自己与对方的亲疏关系来确定。

礼貌的问题远远不止以上这些，但从以上这几种问题中，我们便可以对礼貌的重要性有所了解。

第一印象很重要

良好的开端是成功的一半，第一印象，同样会决定一个人办事的"命运"。第一印象是在人际交往中得到的关于对方的最初印象，第一印象的好坏往往决定求人办事的成败。成语"先入为主"就是对第一印象所起作用的最好概括，因此，我们要好好准备，因为第一印象是没有办法重来一次的。

第一印象为什么会有"先入为主"的作用呢？因为第一印象一经形成，就等于给这个人贴上了一个标签，我们以后再看到他的时候，就不会像第一次看见他的时候那样不带任何偏见，而是有了一定的倾向性。我们也不会去注意所有的信息，而是倾向于寻找那些与我们已经形成的第一印象相符合的信息，即使碰上与之相矛盾的信息，我们也往往会寻找借口"自圆其说"，因此，如果一位老师的第一节课讲得很成功，那么很有可能以后即使他讲得不太好了，我们也会为他寻找借口，比如"没有时间备课"等，而如果这位老师第一节课上得很糟糕，以后他讲得再好，学生也有可能认为是"碰巧而已"。

虽然人们都知道"路遥知马力，日久见人心"的道理，也知道仅凭第一印象来判断一个人，难免会出现错误，尤其当对方为了某些目的而刻意掩饰的时候更是这样，但即使如此，人们在人际交往过程中却总也免不了要受第一印象的影响。

《三国演义》中凤雏庞统当初准备效力东吴，于是去面见孙权。孙权见庞统相貌丑陋，心中先有几分不悦，又见他傲慢不羁，更觉不快。最后，这位广招人才的孙仲谋竟把与诸葛亮比肩齐名的奇才庞统拒之门外，尽管鲁肃苦言相劝，也无济于事。而孔门弟子子羽（澹台灭明）也曾因为其貌不扬而被有圣人之称的孔子视为"才薄""不堪造就"。后来子羽离鲁南游，讲授儒学，从学弟子达300人，声名大噪。孔子那时才感叹不已："以貌取人，失之子羽。"

众所周知，礼节、相貌与才华绝无必然联系，但是礼贤下士的孙权和素以善于识人而著称的孔子尚不能避免以貌取人这种偏见，可见第一印象的影响之大！

新官为什么总想烧好上任之初的"三把火"？想要树立威信的人为什么也总是喜欢给别人来个"下马威"？不为别的，只因为第一印象所具有的"先入为主"的作用！我们在求人办事之前，如果希望获得友谊、取得成功，就千万不要忘了照照镜子，留心自己的举止，看看是否会给别人留下一个良好的第一印象！

第一印象都是来自个人的表情、衣着、动作、谈吐等方面，所以纵使你才华出众，也不可时常以一副恃才傲物的面孔展露于人前，必须做到以下几点，才会给别人留下深刻的印象：

笑脸迎人

笑脸相迎的人，谁看见都会喜欢。人际关系是相对的，如果你沉默不语、板着脸孔，或者惜字如金，连最起码的友善也没有，又怎能给人留下好印象呢？如果你能经常面带微笑，心情也自然愉快起来，整个人亦显得神采奕奕、容光焕发。

整洁干净

第一印象几乎就是"以貌取人"，这是不争的事实。正所谓"人靠衣装"，就算你才华横溢又如何？蓬头垢面有人喜欢才怪呢！笔者在这里不是鼓吹大家要满身名牌，但即使穿得平实朴素，也可给别人干净、舒服的感觉，对方自然会对你加以亲近。请谨记，纵使穿再好的衣服，一旦鼻头污黑、牙齿黄斑点点，也会令人敬而远之。

留意体味

自己对本身体味的感觉较为迟钝，但其实对方却可轻易感受到，因此，对于袜子、口腔，甚至身体等的味道，必须格外加以小心、留意。否则，无论你是如何友善，只要体味浓郁，对方也只想尽快离开。

注意动作

人的脸部表情和肢体动作，有些会给人留下负面的印象，如，双手环抱、手抚触嘴唇、抿嘴、愁眉苦脸、吐舌头、舌头发出声音等，平日应尽量避免，坐姿和走路姿态也必须留意。

说话幽默

说话幽默时常逗得人满心欢喜，试问，有谁不爱开心果呢？虽然幽默感好像是天生的，但不可忽视后天的培养，因此，你若缺乏幽默感，尽可参考市面上一些指导如何培育幽默感的书籍，以补救先天的不足。不过，幽默感要适可而止，别忘记了，你与对方还仅仅是初次见面哦！

微笑让你更动人

"微笑是一句世界语。"这句话讲得精辟、深刻。的确，现实生活中，微笑最容易被人接受和理解。无论一个人地位高低，不管是富翁还是穷人，只要用微笑去面对人生，便会给你带来快乐和温馨。微笑是世界上最好的礼物，所以，把微笑挂在脸上，也是提高求人办事成功率的一种方法。

一位实习记者有次去见某部长。约见时间到了，首先来的却是部长秘书："对不起，请您再等几分钟好吗？"记者以为部长的会议还没有开完，便又耐心地等了一会儿。

几分钟之后，这位部长满面春风地走出来与他握手寒暄，并带着歉意说："刚才，我在主持一个很重要的会议，表情很紧张也很严肃，散会后带着这样一副表情来见一位不是很熟的人，担心会给别人留下一个不好接近的印象，而且也有失礼貌，所以，我又对着镜子休整了片刻，等心情和面孔都恢复正常了，才出来和你见面。实在对不起，让你久等了。"

一般来讲，每一个人的笑容都是有特点的。每个人都可以根据自己的笑容特点来改变和调整表情。

　　你可以经常照一照镜子，观察一下自己微笑时的神态。看一看几个关键部位，包括眼角是否下垂，口形是否好看，嘴唇是半张开着好还是抿合着好，牙齿露出多少适度，然后定格出几种讨人喜欢的笑容。经常对着镜子练习一下，会收到理想的效果。

　　笑容是善意的信使，照亮别人的同时也可以照亮自己。原本不开心的你，脸上带着微笑，心情也随之舒展了几分；把你的笑容带给愁眉苦脸的人，对方也能体会到希望，感受到生活的美好，在这种氛围下，你张口求人就方便多了。

　　土瓦斯·爱德华是一家上市公司的负责人，也是一位拥有亿万财富的富翁。在此之前，他只是一家公司的职员，不善言谈，表情呆板，不受大家欢迎。后来，他决定改变自己，于是经常把开朗的、快乐的微笑挂在脸上。以后的日子里，所有的人都意识到了爱德华的与众不同。

　　爱德华每天早上都对他太太微笑，结果正是微笑改变了他的生活，两个月中他在家所得到的幸福比以往一年还要多。

　　爱德华对每个人都以笑脸相迎，对大楼的电梯管理员如此，对大楼门廊里的警卫如此，对清洁人员也如此，他在公司对所有的同事微笑，对那些陌生的客户微笑。结果，每个人都以微笑回报他。以前讨厌他的人也逐渐改变了对他的看法，拉近了与他之间的距离，现在他已经变成了一个受人欢迎的人。即使遇到很棘手的问题，也有人愿意主动去帮助他。

　　爱德华的事例清楚地体现出微笑的重要作用，微笑是他后来取得成功的关键因素之一。

　　微笑是希望和力量，它犹如春风吹拂着别人的内心。愁眉苦脸的人给人缺乏自信、消极悲观、没有能力的感觉，没有人愿意与这样的人交往，更不要说施以援手了。

　　我们在求人的过程中，要善于建立自己笑容可掬的形象，用微笑去打动每一个人，这样你才会受到欢迎，为自己求人成功埋下伏笔。

　　史坦哈是纽约证券股票市场成功的一员，但他说自己年轻时候是个讨人嫌的家伙，不受人们欢迎。他不知道问题出在什么地方，只是千方百计地渴望求得人们的喜爱和欢迎。

　　后来，他决定改变自己的态度，让人们看到展现在他脸上的笑容。于是，每天早上梳头时，他对着镜子中满面愁容的自己说："老兄，你得微笑，把脸上的愁容一扫而光，现在立刻开始，微笑！"

　　史坦哈带着一种轻松愉悦的心情，去同一些满腹牢骚的人交谈，一面微笑，一面恭听。过去很讨人厌的家伙，现在变成了受人欢迎的人。过去很棘手的问题，现在变得容易解决了。过去那些很难求动的人，现在轻而易举地就被说服了。

　　不会微笑的人，在生活中将很难求得幸福和快乐，求人时也很难成功，这就是史坦哈的体会。

用手传达你的诚意

　　握手最早始于远古时代，当代世界上已经把它作为最为普遍的一种表达善意的礼节。初次见面，通常以握手示礼。适当的握手时间与力度，会让人有舒适亲切的感受。美国著名盲人女作家海伦·凯勒曾说过这样一句话："我接触过的手，虽然无言，却极有表现性。有的人握手能拒人千里……我握着冷冰冰的手指，就像和凛冽的北风握手一样。而有些人的手却充满阳光，他们握住你的手时，使你感到温暖……"既然握手是彼此间增进感情的一个重要礼节，那么，我们在求人办事的过程中，千万不可忽视握手时的常规礼仪。

握手的方式

无论你与对方是初次见面，还是熟人久别重逢，告辞或送行时都可以握手表示自己的善意，这也是最常见的。有些特殊场合，比如当你向对方表示祝贺、感谢的时候，当你与对方交谈的过程中出现了令人满意的共同点时，或者是当你与对方事前的一些矛盾出现了某种良好的转机或彻底和解时，习惯上也以握手为礼。

握手时，应距对方约一步远，上身稍向前倾，两足立正，伸出右手，四指并拢，虎口相交，拇指张开下滑，向受礼者握手。在现实生活中，常常会有这样一种的握手姿势：掌心向下握住对方的手，显示出一种强烈的支配欲。这会无声地告诉别人，他处于高人一等的地位，所以，当我们求人办事的时候，应尽量避免这种傲慢无礼的握手方式。相反，我们应掌心向里地向对方握手，进而显示你对对方的恭敬。如果伸出双手，更是谦恭备至了。

此外，戴着手套握手是失礼的行为，但是，女士可以例外。当然，在严寒的室外也可以不脱。比如双方都戴着手套、帽子，这时一般也应先说声："对不起。"握手时双方互相注视、微笑、问候、致意，不要看第三者或显得心不在焉，进而以你对对方的尊重来换取对方对你的好感。

握手的时间以及力度

握手时不要太用力，也不要漫不经心地用手指尖如"蜻蜓点水"似地点一下，这样都会显示出你的无礼。握手的时间一般是控制在三五秒钟以内。如果时间过短，两手一碰就分开，只会让对方觉得你在走过场，并对对方怀有戒心。这样又怎么能博得对方的好感，进而求动人为你办事呢？

如果你想表示你对对方的真诚和热情，也可较长时间握手，并上下摇晃几下。值得注意的一点就是异性或初次见面者除外。否则，只会显得你有些虚情假意，甚至会被对方怀疑为"想占便宜"。

握手应注意一些细节

当你面对的人数较多，你可以只跟较近的几个人握手，向其他人点头示意，或微微鞠躬就行。如果为了避免尴尬场面发生，在主动和人握手之前，你应想一想自己是否受对方欢迎，如果已察觉对方没有要握手的意思，点头致意就行了。

当你在一些公共场合与对方握手时，伸手的先后次序主要取决于职位、身份。而在社交、休闲场合，主要取决于年龄、性别、婚否。

总之，当你有求于人的时候，一定要掌握握手的常规礼仪。热情地真诚地紧紧地握着对方的手，把自己的力量、诚意展现并传递给对方，促使对方感受你的真诚，可能就会更耐心地帮你办事。

虚心谦逊得尊重

谦虚是缔造人与人之间感情的催化剂。谦虚坦诚的人能够赢得他人的尊重。反之，举止傲慢、桀骜不驯的人则常在求人办事时碰壁，在人海中逐渐迷失方向，孤立无助。事实证明：只有谦虚谨慎的人才能受到世人的拥戴与尊敬，才能给他人留下好的印象。

在美国历届总统中，最谦虚的人，莫过于罗斯福了。他对于他所信任的人总是放胆信任。他每遇到一件要事，常常召集与那件事有关的人员开会，详细商议。有时，为使自己获得更多的参考意见，甚至发电报至几千里外，请他所要请教的人前来商议。

有一次，他和一些猎人去打猎，当他看见一群野鸡，便毫不犹豫地追着去打。身后一个叫麦利的朋友大声喊着，让他不要打。罗斯福对这一劝告毫不理会，继续做他的事。可当他聚精会神盯着野鸡的时候，一头狮子从林子里跑出来，这时候，罗斯福想做出反应已经来不及了，幸亏麦利出手相救。

事后，麦利大声责骂罗斯福是个大傻瓜，并以命令的口吻嚷嚷道："我每次叫你不要打的时候，你就要站着不动，懂吗？"罗斯福坦然地听着麦利的责骂，因为他心里明白，麦利是个行家，他说的是完全正确的。从此以后，他多次跟麦利外出打猎，虚心听从他的指挥和教导，毫不迟疑地服从猎人的命令，因为他知道麦利在打猎方面具有丰富的经验，对自己的帮助是真诚的。

这就是总统为人的智慧，即在打猎时他会去请教一个猎人，而不以政治家自居。正如他有政治问题的时候，会去请教一个政治家，而不是一个猎人一样。

一个人不可能获得这个世界上所有的知识，所以，在求人办事时，我们一定要谦虚地听取别人的忠告，这不仅是提高自身能力的最好方法，也是赢得他人认可的最有效方法。同时，谦虚意味着对他人的尊重，可以换来他人对自己的好印象。

　　谦卑在中国人看来既是一种策略，又是一种处世态度，更是一种美德。懂得谦卑的人，往往能得到别人的友善和关照，从而为将来的事业的成功打下良好基础。为了培养谦卑的心态，不仅在与不太熟悉的人交往时要注意小节，尊重对方，对好朋友也要客气有礼，在求人办事的时候尤其是如此。

　　在生活中，我们经常听到诸如"谢谢您""多谢关照""劳驾""拜托"之类这样谦逊的话语。而这些话语可以向别人表示感谢，能沟通人与人的心灵，建立融洽的人际关系。在求人办事时，即使对方只满足了你的一点点请求，虽然很令你不满，也应真诚地说一声"谢谢"。如果你连一声谢谢都不说，只把感激之情埋在心底，对方会有一种不快的感觉，他的劳动没有得到肯定，或认为你不懂礼貌，今后也不会再帮助你。同样，在打搅别人，给别人添麻烦时能真诚地说一声"对不起"，对方的气就会削弱一半。在人际交往、求人办事中，谦逊的作用不容低估。

　　谦逊当然不一定都在语言上，一个眼神、一个手势，或者点一下头，微笑一下，或给对方送些小礼物，凡此种种，都属于谦逊的范畴。可以说，谦逊是一个比较宽泛的概念，谦逊是一种礼节，如果谦逊运用得好，那么便能收到意想不到的效果。从更高的角度来讲，谦虚谨慎是建功立业的前提和基础。

　　日本松下电器公司的松下幸之助是个十分谦逊的人。他在交托下属去执行某一件事时，会说："这件事拜托你了。"遇到员工时，他会鞠躬并说"谢谢你""辛苦了"之类的话，有时会亲自给员工斟一杯茶，或者送给员工一件小礼物。

松下就是善用这种谦逊的语言来激励员工,使员工们毫无怨言地为他效力做事的。

谦逊是温暖的,能加深对方的了解、亲切关系,增加友谊,彼此之间的关系因为谦逊而发生变化,彼此之间的心理距离缩短了,感情就有了呼应和共鸣。对方在兴奋欢跃之余会给予更多的关照,更好的回报。

谦虚谨慎是每个社会人必备的品格,具有这种品格的人,在待人接物时能温和有礼、平易近人、尊重他人,善于倾听他们的意见和建议,能虚心求教,取长补短。对待自己有自知之明,在成绩面前不居功自傲;在缺点和错误面前不文过饰非,能主动采取措施进行改正。

在求人办事时,谦虚的态度能使你得到他人的帮助,获取有价值的经验,为你的人生提供借鉴。否则即使你找到了某些赞同你的人,获得了你所需要的肯定,满足了你的虚荣心理,也无法得到对方真心的帮助,因此,我们要培养谦虚谨慎的态度和胸怀,这样才能更容易得到他人的帮助。

善用客套的技巧

求人办事,免不了要懂得一些客套的技巧。有人说,求人办事多数情况下都是求熟人办事,何必来那么多客套?其实这种说法是不对的。客套是人与人之间最起码的一种礼貌,是求人办事的"前奏曲"。如果你去找人办事,别的不讲,直截了当就说出你要办的事,对方肯定会觉得有点突兀,感情上也接受不了,办起事来就会大打折扣。

　　在日常生活中你也可能会有这样的体会：当你来到朋友或同学的聚会上时，发现那里有你熟悉和不熟悉的朋友，他们看见你来了，立即起身相迎，对你表示欢迎，然后请你坐下，给你冲上一杯茶，再接下来，双方寒暄几句，客套一番。这样一来，对方的感觉就会很好，自己的感受也会很好，双方可以由此变得更加热情友好，从而使你们的友谊进一步升温，不知不觉中，就为你求人办事打开了方便之门。

　　会客套不仅求人好办事，客套多也容易交朋友。

　　有人说，客套多，朋友多；朋友多，好事多。这话是很有道理的，因为客套和寒暄可以帮助你认识更多的朋友，缩短人与人之间的距离，从而促成两人的交往。

　　在求人办事以后，真诚地说一声"谢谢"，就会让对方感觉到自己的付出是值得的。等到你下次求他办事时，他仍然会比较乐意。如果你不说一声"谢谢"，只把感激之情埋在心底，对方会有一种出力不讨好的感觉，他的劳动没有得到肯定，或许认为你不懂礼貌，今后也不再会帮助你了。

　　在人际交往、求人办事时，客套的作用不容低估。很多时候，客套能表示尊重对方，表示礼节和谦虚，比如有人作报告或讲话，总要借助这样的客套话："我水平不高，能力有限，恐怕讲不好，还望大家多多包涵。"或者是"我讲得不好，请大家多多批评指正。"诸如此类的客套话，表面上看是随口而出，是习惯用语，实际上却起着表明自己态度谦恭的作用。这样，在讲话者偶然出错的情况下，大家也会谅解，而不会跟着起哄。

　　另外，讲客套话也是减少求人办事"摩擦"或者"阻力"的润滑剂。请人办事，说一声"劳驾"，办完事后说一声"让您费心了"，都能显示出你礼貌周到，谈吐文雅。生活中学会必要的客套，就会受到更多人的欢迎。正如培根所说：得体的客套同美好的仪容一样，是永远的推荐书。

当然，客套要自然、真诚，言必由衷，富有艺术性。

香港一家大酒店的门厅服务员就是这么做的。当在国际上享有盛名的张先生第一次到达该酒店，这位服务员向他微笑致意："您好！欢迎您光临我们酒店。"第二次他再来到这家饭店，这位服务员认出他来，边行礼边说："张先生，欢迎您再次到来，我们经理有安排，请上楼。"随即引张先生上了楼。时隔数月，当张先生第三次踏入酒店时，那位服务员脱口而出："欢迎您再一次光临。"张先生十分高兴地称赞这位服务员："有礼有节，自然真诚。"

作为宾馆酒店的服务员，不是只知道按照口令喊号子的机器，而是一位有情感、有思想的大活人。如果能根据情境的变化运用不同的客套语，才能真正体现出人性化的服务，才更容易受到顾客的好评。

着装礼仪很重要

良好的着装礼仪不仅反映一个人的修养，也是人际交往中相互尊重的一种重要形式。同时，良好的着装还能给对方留下极好的印象。如果你能给对方留下一个良好的印象，这意味着你已成功了一半。我们不妨先看一个简单的例子。

　　曾经有一位非常节俭的大学教授去香港讲学，因为是第一次去香港，所以临走前特意买了一双凉鞋，而且又花数百元买了一套灰色的西服，觉得自己挺像样子了。可是到了香港，朋友非要拉着他去商店看看。他在心里盘算了一下："兜里就 1000 港币，去商店干啥？"可是朋友提出来了，又不好意思驳他这个面子，就勉强和朋友去了商店。一进商店朋友就拿过标价数千港币的西服，无论如何让他得试试；接着又走到卖鞋的柜台前让他试鞋。他再一看皮鞋的标价是一千多港币，就连连说太贵了、太贵了。朋友也不吱声只是笑。后来回到宾馆还不到二十分钟，商店就派人把西服和皮鞋都送来了，另外，还拿来一瓶香水。这时朋友让他把衣服换上，还说："今天晚上有很多香港老板，前来听你讲学，人家还不知道你有没有水平，但是看你这套衣服就知道你是什么层次的人物。"最后这位教授的形象和讲课内容都得到了所有听众的一致好评。

　　可见，与人接触，只有学术水平还不行，还必须要讲礼仪。良好的着装礼仪容易促使我们最终所要达到的目的。

　　具体来说，我们在求人办事的过程中，一定要根据不同的场合选择不同的着装，进而穿出男人的高雅，穿出女人的风韵，最终给对方留下一个良好的印象。切不可自己想怎么穿就怎么穿。具体应注意以下两点：

着装要区分场合

　　作为一名男士，如果你为了一件非常重要的事情，与对方在公共的场合见面，不管天气多热也应穿西装。西装表示郑重其事；但如果是周末，去农贸市场买菜，一般人不会穿西装，穿西装打领带去买菜的唯一作用可能是使菜价因此对你上涨 80%。

　　小李分配到报社后，接受的第一个采访任务是采访某工厂的一名模范职工。早在几天前，小李就开始精心准备提问大纲，决心好好地在大家面前露一手。这一天终于到了，小李特地从衣柜里找出自己最喜爱的西服，郑重地打好领带，确认没有任何疏漏后，搭车赶往工厂去完成自己的第一个采访任务。一走进机器轰鸣的工厂，小李就感到不大对劲，等满身油污的采访对象站在他面前时，小李自己都觉得这一身穿着不合时宜，只觉手脚没地方搁，话也说得结结巴巴的。采访对象受到他情绪的感染，话也就少多了，采访只得草草结束。

　　生活中不难发现这样的情境，它向我们揭示出这样一个道理，一个人的穿着打扮，要同周围的环境相适应，因场合而不同。从礼仪的角度讲，工作场合的着装一般强调在重保守。大公司、大企业出来的人跟一般人不一样，天气不管热不热，上班时都会穿套装、套裙、制式皮鞋。男士制式皮鞋一般是黑色皮鞋；女士制式皮鞋一般是高跟或者半高跟的船形皮鞋。这不是为了好看，而是因为那是规矩。

　　其次，如果你与对方是处在宴会、舞会、音乐会、社交聚会等社交场合，由于这些场合强调时尚个性，因此你穿时装、穿礼服是最为得体的。假如你在宴会上穿着制服就不大合适了，有点儿煞有介事。

　　最后一个场合是休闲场合。休闲场合指的是个人自由活动的场合，如逛大街、遛公园、外出旅游诸如此类。休闲场合着装要求舒适自然，只要不触犯法律，只要不违背伦理道德就好。

着装要注意扬长避短

　　当我们有求于人的时候，其最终的目的是办事有成。因此，你给对方的第一印象是至关重要的。为了给对方留下好感，在着装上一定要学会扬长避短。

例如，如果你是一个脖子比较短的人，就不要穿高领衫，否则显得没脖子了。可穿 U 领或者 V 领的服装，显得脖子较长。穿服装，要使对方从你的着装看出你的内涵；同时，使对方有想与你交往的意识。比如，对于腰部比较粗的女士来说，就不要穿露肌肤的服装，否则会露出一些赘肉。对于腿长得比较粗短的人，不到万不得已不要穿紧身装、超短裙。

总之，着装礼仪是人际交往中相互尊重的一种至关重要的形式。无论是自己办事，还是求人办事，着装礼仪都起着不可忽视的作用。所以，我们在办事的过程中，自己的着装必须严格遵守规范，给对方留下良好的印象。千万不可随意而为，自作主张，以免穿着不合适，闹出笑话。千万不要因一个小小的疏忽，导致把事办砸。

培养亲和力

作为一个人，无论你的性格多么内向，多么喜欢独处，你都不可能将自己完全封闭起来，与周围的一切断绝任何来往。你总是在不知不觉地与人们打着交道，而人们的思想、习俗也在潜移默化地影响着你。

在现实生活中，人们之间总要或多或少、或直接或间接地发生着联系。独立自主、自力更生虽然可以解决一部分衣、食、住、行等方面的问题，但更多时还是要依靠他人的帮助。荀子曾说过："（人）力不若牛，走不若马，而牛马为之用，何也？人能群，彼不能群也。"荀子的这段话，道出了人类在同严酷自然条件的斗争时，团结就是力量的真理。为了求得生存，人类凭借亲和力，使自己坚强而有力地屹立在大自然的面前。人的这种求生动机，是亲和力的表现之一。

社会中的绝大多数人，往往愿意或喜欢与他人交往，以朋友多而自豪。这种愿意或喜欢与他人交往的本能，就是亲和力。它是人类普遍具有的渴望与他人亲近、和谐相处的心理状态，是人类最基本的需求，也是最主要的需求。儿童依恋父母，老人眷念儿女，兄弟姐妹互帮互助，人们就是在这种相亲相偎的关系中，培养才智，增长力量，战胜困难，取得成绩，最终走完一代一代的人生旅程的。这种亲和力，既是促使情感归依的起因，又是激发人际交往的动力，它对平衡人类心理，克服势单力薄之不足，起着很好的调节作用。

人类在向外界索取自身需要时，将会招致自然或社会各方面的阻力，单凭个人的力量是难以抵御外界的干扰或侵害的，此时必须借助他人的助力，方能求得安全。这种安全意识，在现代社会中显得尤为重要。当人们没有多少财富时，希望能够获得好的职业或收益，以便生活得更好；当人们有了大笔钱财时，又希望社会各项措施到位，为自己提供财产保护。人们无时无刻不在关注着自身的安全。这种对安全的需要，使人们自愿融入群体之中，希望通过集体的力量来战胜对不安全的恐惧。人的这种安全动机，是亲和力的表现之二。

人类有七情六欲，情感有喜怒哀乐，丰富的感情世界使人类产生归属动机。当人们有了喜悦与悲伤，往往急于找人倾吐，以求得到理解与宽慰，让情感有所寄托。归属的需要，使人们自愿地亲和，融入集体之中。人的这种归属动机，是亲和力的表现之三。

具有亲和力的人在与人谈话时总是用友善的口吻,脸上也总是保持着微笑,这样能有效消除人与人之间的隔膜,拉近彼此间的距离。这样的人更容易说服他人,达到自己的目的。

玫琳·凯公司是一家知名的化妆品公司。为了扩大自己公司产品的影响,玫琳·凯女士自己用的化妆品都是公司所生产的。她也不建议公司职员使用其他公司的化妆品,因为她不能理解凯迪拉克轿车的推销员开着福特轿车四处游说、人寿保险公司的经理自己不参加保险。那么,她是如何同职员交流这一想法的呢?

有一次,她发现一位经理正在使用另外一家公司生产的粉盒及唇膏。她借机走到那位经理桌旁,微笑地说道:"老天爷,你在干吗?你不会是在公司里使用别的公司的产品吧?"她的口气十分轻松,脸上洋溢着微笑。那位经理的脸微微地红了。几天后,玫琳·凯送给那位经理一套公司的口红和眼影膏并对她说:"如果在使用过程中觉得有什么不适,欢迎你及时地告诉我。先谢谢你了。"再后来,公司所有的新老员工都有了一整套本公司生产的适合自己的化妆品和护肤品。玫琳·凯女士亲自做了详细的使用示范。她还告诉员工,以后员工在购买公司的化妆品时可以打折。

玫琳·凯亲和的态度,友善的口语表达,使她自然地与员工打成一片,成功地灌输了她正确的经营理念。

亲和力就是这样,它是人们求人办事时可采取的一种不错的态度。这种态度的优点易于削减人与人之间的隔膜,进而使传达者有效地把自己的思想传递给被传达者,让对方更容易接受自己。

第六章 ▷

找对方法，善用策略求人

求人办事，方法套路最重要，只要掌握了办事的方法，世界上没有办不成的事。因此，只要针对事情，具体情况具体分析，采用最灵活、最巧妙的方法，果断出手，肯定就能一击即中，把事情办好。反之，若你不分状况、不计后果、莽撞行事，想到哪儿做到哪儿，那你肯定会把事情办砸。

灵活机动求人办事

一个人有恒心、有毅力，做事坚持到底是没错的，但是固执己见，一条道走到黑，十头牛也拉不回来，那就有些不可取了。

社会在不断地发展变化，做事需要灵活机变。在发觉眼前的道路阻塞时，你可以不放弃原来的那种方法，但你必须还要积极地去寻找其他的解决办法，多管齐下，才能在最短的时间内把事情办好。

任何一个求人办事者，都应该具有这样一种本领：就是能够抓住每一个机会，促使事情朝着成功的方向发展，不能在一棵树上吊死。

爱弥尔·左拉是法国19世纪著名的作家，其处女作《给妮侬的故事》在发表时，颇费了一番周折。

当时，左拉拿着自己的书稿，前后一共见了三位出版商，请求他们出版自己的作品，但都遭到了拒绝。他为此有些心灰意懒，不过他最终没有放弃继续寻找下一个机会。在他准备向第四位出版商拉克鲁瓦推销自己时，心里面有些忐忑不安，他担心自己再次被拒绝。

他在拉克鲁瓦的办公室外面徘徊了好一阵子，最后，他还是鼓起了勇气，决定孤注一掷。他推开拉克鲁瓦的办公室的门，正视着拉克鲁瓦的眼睛坦诚地说："已经有三家出版商拒绝了我的这部书稿，我不知道您对它有没有兴趣。"看着拉克鲁瓦有些疑惑的表情，他又补充了一句说："我是一个很有才华的人。"

　　眼前这个冒冒失失闯进自己办公室的小伙子，有些其貌不扬，但他的勇气着实让拉克鲁瓦有些不知所措——他从来没有看见过自己说自己作品不好的人。如果这样说，结果意味着什么呢？意味着他的书被判处终身监禁，而不能出版。不过，拉克鲁瓦倒是为左拉的这种勇气感到震惊，他竟然向别人，尤其是像他这样的出版商承认自己碰壁，这是需要一定的勇气和魄力的。

　　正是左拉的这种勇气和魄力，引起了拉克鲁瓦极大的兴趣，他决定要看一看左拉的书稿到底写得怎么样。最后的结果是他很痛快地就与左拉签下了出版合同，并就有关事宜进行了详细的谈判。

　　左拉没有在三次碰壁以后完全气馁，他及时地调整了自己寻找成功的途径，采用了向对方坦言作品真实遭遇的做法，避免了再次碰壁的难堪和尴尬，最终使书稿得以顺利出版。

　　在求人办事过程中，遭到他人的拒绝是再平常不过的事情，一时的拒绝并不代表永远的拒绝，也不意味着这件事没有办成的希望和可能性了。最主要的是不要因为被拒绝而影响到自己的情绪，破坏自己的心态。

　　求人办事遇到挫折时，要想办法静下心来，仔细认真地分析对方为什么会拒绝自己，他拒绝自己的理由和依据是什么，然后再根据自己得出的结论，结合实际的情况，采取相应的对策。这样，事情就有可能会出现新的转机。

　　在求人办事过程中，对方拒绝主要有以下三种情况：

临时拒绝

　　在这种情况下，对方的拒绝并不是事先就早已决定的，也不是经过深思熟虑的，而是临时决定的。在他们能力许可的范围内，有想帮助你的愿望，但由于彼此之间不太熟悉，他们对你缺乏一定的了解，所以顾虑重重，会陷入到两难的境地，在这种矛盾心理的作用下，他们可能在瞬间就会作出不予帮助的决定。

出现了这种情况，从某种程度上来说，自己求人办事成功的希望还是很大的，因为对方的心理是处在一种矛盾的状态中，他们的决定随意性很大，容易决定也容易改变。为了使对方由不帮助转变为帮助，最有效的方法就是很自然地接近他们，让他们了解你，并把你优秀的一面展现给对方。让他们对你有充分全面的了解和认识，加强对你的信任感，消除疑虑。这样，随着了解的加深，对方很可能就在不知不觉中改变先前的决定。那么，等到机会成熟，你再旧事重提，事情就很容易办成功。

执意拒绝

这种拒绝是对方在事前就早已作出的决定，而且是经过深思熟虑、权衡利弊得失以后作出来的。对方可能在此之前对你有了比较深入、具体、详细的了解。他们之所以拒绝帮你，可能是因为帮助你对他自己没有多大的好处，或者没有必要帮，或者认为不值得帮，或者是他们对你不感兴趣……

要想使这样的人改变态度，由拒绝变成同意帮你，也不是没有可能的，但难度相当得大，成功的概率很小。遇到这种情况，你可以尝试着去争取，用自己的真诚和坦率去感动对方，让他改变主意，不过这个过程会相当漫长。如果不想放弃的话，最好是"骑着驴找马"，另想其他办法。因为你没有必要死守着一个未知数，还是两手准备比较安全一点。

隐蔽拒绝

这种拒绝在我们的生活中是最常见的，它最主要的特征就是对方不明确说出拒绝你的真正原因，而是找其他一些理由或借口来搪塞你。对方不愿意说出真正理由的原因，一般有以下几种情况：

没有具体的理由，就是不想帮助你，但又不好意思直接说出来；你所提出的需要帮忙的事情，办起来存在一定的困难，但对方又怕你怀疑他的能力；对于你所求助的事情，可能被求的当事人答应帮忙，但他的家人却极力反对，迫于家庭方面的压力。

遇到这种隐蔽拒绝的情况，首先要大致分析对方不把真实情况告诉你的原因，然后再结合实际情况寻找相应的解决办法，或解释说服，或是等待适当的时机，或是转移目标，向其他人求助。

从侧面出击

旁敲侧击，避免正面迎敌，这不仅是兵法里的招数，也是求人办事的一条妙计。聪明人大都擅长使用这种从侧面出击的求人技巧。与人交往是一件很复杂的事情，有时候，我们总会有意无意地遇到一些不平之事、不公之人，但是如果把话直接讲出来，恐怕又会影响到人际关系。这时候，聪明的人便无须多言直语，转而从侧面敲打，这样一来既不把话说破，同时又让别人心里明白自己的意思，既保持了和谐的人际关系，又可以达到自己求人的目的。

从侧面出击是聪明人的"游戏"，是用智慧去求别人为自己办事。实际上，它是一种更高明的迂回技巧，更为主动，更为巧妙，是"妙接飞镖又暗中回掷"的高超人际交往手段，是机智聪明者必须要练就的玄妙功夫。一旦掌握了这一求人本事，就可以无往而不利，还可以化解彼此间的矛盾。

一次，尼克松夫妇去日本访问，日本首相吉田茂设盛宴款待。席间，吉田茂频频给两位贵宾敬酒，显得非常热情，尼克松夫妇也非常高兴。在这气氛非常融洽之时，吉田茂转过头去对身旁的尼克松夫人开玩笑道："我发现在东京湾停泊着几艘美国驱逐舰，冒昧地问一句，这些军舰不会是怕您受到欺负而开来保护您的吧？"一个小小的玩笑，引得众宾客笑语连连。其实，这些绝顶聪明的人怎能不知道吉田茂的话中有话呢？尼克松就更不会不懂了。当时，这些军舰在日本东京湾停泊，曾引起日本朝野普遍的不安。尼克松对此事是完全了解的。所以他很清楚吉田茂是在旁敲侧击地表达对美国军舰的不满之情。于是，尼克松下令撤走了停在东京湾的军舰。

这就是从侧面出击的妙用。我们在面对不同的人时，就要有不同的表达方式，尤其是对于陌生人或者自己有所求的人，更要注意说话方式。这时候我们就可以采取旁敲侧击的方式婉转地表达自己的意见。这种说话方式暗示性、启发性强，又不会伤害双方感情。

使用旁敲侧击的招数是有小技巧的。搞清楚了这些小技巧，那么你在运用旁敲侧击的时候就会伸缩自如！

旁敲侧击的第一要点就是一定要避开正题，从侧面敲打。所谓的侧面敲打，就是指从侧面委婉地点拨对方，让对方在不知不觉中按照你的思路走。

一次事故中，主管生产的副厂长老马左手指受了伤被送往医院治疗，厂长老丁来病房看望时，谈到车间小陆和小齐两个年轻人虽技术水平较强，但组织纪律观念较差，想让他们下岗一事。老马当时没有表态，只是突然捧着手"哎哟哎哟"大叫。丁厂长忙问："疼了吧?"老马说:"可不是,实在太疼了,干脆把手锯掉算了。"老丁一听忙说:"老马,你是不是疼糊涂了,怎么手指受了伤就想把手给锯掉呢。"老马说:"你说得很有道理,有时候,我们看问题,往往因注重了一方面而忽视了另一方面哪……"老丁一下子听出老马的弦外之音。

老马的话妙就妙在从正面避开了厂长的话锋,而是从侧面进行点拨。老马没有直接回答小陆和小齐两个人是否该下岗,而只是把话题转到自己的手指上面,他给厂长讲明了一个道理,而他所讲明的道理也正好起到点拨对方的作用,他点出了手指受伤,就应该去医治,而不是把整个手都切掉,暗示厂长对于有小毛病的员工应该批评教育,帮助他们提高,而不应该让他们下岗了事。老马的这种说法委婉含蓄,所以不会损伤厂长的面子,而且起到了劝阻的作用。

求人办事本就是一个既困难又复杂的事情,只要你用对方法,就可以把这种困难简易化。求人时如果过于直截了当,对方可能会一再地拒绝。在这种情况下,我们就可以运用自己的智慧,巧妙地从侧面出击。这样则会起到平时难以起到的作用。

从对方的得意处入手

从对方得意的地方入手,这是求人办事的一条捷径。每一个人都有自己得意的地方,不管别人怎样看,他都坚持自己的看法。办事时,如果能预先清楚对方得意之处,并在沟通中有意无意地提到,会令对方心生好感,这样,办事会更顺利一些。

　　某国一偏僻小学无钱修缮校舍，校长多次按规定层层请示上级，却始终没有回音，不得已之下，校长决定向本市水泥厂的经理求援。

　　校长之所以打算找该经理，是因为这位经理重视教育，曾捐款一万元并发起成立"奖教基金会"。

　　遗憾的是，听说近两年由于该国对一些污染严重的企业要实行达标验收，该厂治理污染用去了一大部分资金，使经营有了一定的困难。校长深感希望渺茫，但是想到全校师生的生命安全，只好"背水一战"。

　　经过准备后，校长敲开经理办公室的门。

　　校长："经理，久闻大名。我近日在省城开会，再一次听到教育界同仁对您的称赞，实是钦佩！今日散会返校，途经贵公司，特来拜访。"

　　经理："不敢当！过奖了。"

　　校长"经理您真是一位远见卓识的人，首创'奖教基金会'。不但在本市能实实在在地支持教育事业，更重要的是，您的思想的影响力很大。'奖教基金会'由您始创，如今已由点到面，由本市到外市，进而发展到全国许多地区，真可谓燎原之火……"

　　校长紧紧围绕经理颇感得意之处展开谈话，夸得经理满心欢喜。

　　此时，校长诉说了自己的"无能"和悔恨，"身为校长，明知校舍摇摇欲坠，干扰学生的学习，危及师生的生命安全，却束手无策。要是教育界领导都能像经理这样，真心实意爱护人才，支持教育，只要拨一万元钱就能卸下我心头的重石，可是至今申报十几次，仍不见分文"。

　　听到这里，经理的脸上立刻起了微妙的变化，他沉默了一会儿，然后说："校长，既然如此，你就不必再打报告求三拜四了，一万元钱我捐献给你们。"校长听完后，非常高兴，他紧紧握住经理的手，表示由衷的感谢。

这位校长可谓精明之人，他在了解对方的情况下，用美誉推崇的方式打动了对方并获得了募捐。首先，他对经理远见卓识，首创"奖教基金会"的行为，从思想影响到实际成效给了充分的肯定和恰当的赞扬，拉近了双方的心理距离；其次，悲诉自己的"无能"和悔恨，得到了对方的同情，深深地打动了对方，从而达到了预期的目的。

称赞对方得意的地方，实际上就是对对方人生价值的肯定，有谁不喜欢自己得到社会的承认？看到他人的闪光点，既是对奉献者的尊重，也是我们每个人应有的社会责任和良知。

求他人办事，很多时候必须在他人身上细思量、狠下工夫，最好不要把所要办的事情直接说出来，而是要从对方感兴趣的地方、得意的地方入手。

海蓝集团公司承包了一项建筑工程，在费城建造一幢办公大厦，一切都按照原定计划进行得很顺利。大厦接近完工阶段的时候，负责供应大厦内部铜器装饰的承包商却宣称，由于情况变化，他无法如期交货。如果这样，整幢大厦就不能如期交工，公司将承受巨额罚金。

经过协商与洽谈却仍没效果。于是杰克奉命前往纽约，当面说服铜器承包商。

"你知道吗？在布鲁克林区，用你这个姓名的，只有您一个人。"

杰克走进那家公司董事长的办公室之后，立刻就这么说。董事长有点儿吃惊。"不，我并不知道。"

杰克说："今天早上，我下了火车之后，就查阅电话簿找您的地址，在布鲁克林的电话簿上，有您这个姓的，只有您一人。"

"我一直不知道。"董事长说。这时，他很有兴趣地查阅着电话簿。"嗯，这是一个很不平常的姓，"他骄傲地说，"我的家族是从荷兰移居纽约，几乎有二百年了。"几分钟过去了，他继续说到他的家族及祖先。当他说完之后，杰克就恭维他拥有一家很大的工厂，杰克说他以前也拜访过许多同一性质的工厂，但跟他这家工厂比起来就差得太多了。

"我从未见过这么干净整洁的铜器工厂。"杰克如此说。

"我花了一生的心血创建了这番事业，"董事长说，"我对它感到十分骄傲。你愿不愿意到工厂各处去参观一下？"杰克爽快地答应了。

在参观过程中，杰克恭维他的组织制度健全，还对一些不寻常的机器表示赞赏，这位董事长就宣称这些是他发明的。他花了不少时间，向杰克说明那些机器如何操作，以及它们的工作效率多么良好。

中午到了，他坚持请杰克吃中饭。到这时为止，杰克却一句话也没有提到此次访问的真正目的。吃完午饭后，董事长说："现在，我们谈谈正事吧，我知道你这次来的目的。我没有想到我们的会面竟是如此愉快。你可以带着我的保证回到费城去，我保证你们所有的材料都将如期运到，即使其他的生意会因此延误也无所谓。"

杰克并没有开口要求，就得到了他想要得到的东西。那些器材及时运到后，大厦就在契约期限届满的那一天顺利完工了。

在求人办事之前先赞扬对方一番，就好像牙医用麻醉剂为病人治牙病一样，病人仍然要受钻牙之苦，但麻醉剂却能减轻苦痛，最后达到药到病除的效果。在办事过程中，要想说服一个人而又不伤和气，不遭人讨厌，应该学会从称赞和满足对方入手。

善做"披着狼皮的羊"

在求人办事时，可以把仅有的"资本"集中在一个点上，让对方只看到你强大的一面，从你侧面的强大，对你的整体实力产生错觉。这是"打肿脸充胖子"非常有效的聪明做法。

拉菲尔·杜德拉是委内瑞拉人，原是一家公司的职员，经常为生计问题犯愁。怎样实现自己当富翁的目标呢？杜德拉思索着也留意着……

有一天，杜德拉获悉阿根廷打算从国际市场上采购价值 2000 万美元的丁烷气。虽然财力不足，但他却意识到这是个难得的商机，所以他很想接下这宗生意。他决定去阿根廷考察个究竟，看看这一信息是否属实。到那里一打听，发现果有此事。于是他开始盘算怎么争取到这笔生意。

此前，杜德拉从未接触过石油天然气行业，对该行业可以说是个"门外汉"，要做起来也会有一定的困难。经过多方面调查后，他发现这宗生意已有两位非常强大的竞争对手，一是英国石油公司；一是壳牌石油公司。这两个公司财雄势大，有丰富的石油经营经验。杜德拉知道，如果从正面与这两大竞争对手较量，无疑是"以卵击石"。于是，他决定采用侧面进攻的战术参与这 2000 万美元买卖的竞争。

为了找到一个好的方法，杜德拉再次对阿根廷市场作深入调查，发现这里的牛肉过剩，急于寻找出路。他反复思考，认为可以在这个问题上大做文章：如果自己能帮阿根廷推销过剩的牛肉，就可以促使阿根廷购买自己的丁烷气。

拿定主意之后，杜德拉来到阿根廷政府有关部门，并对他们这样说："如果你们向我购买2000万美元的丁烷气，我便向你们订购2000万美元的牛肉。"阿根廷政府觉得杜德拉的条件优于其他竞争者，能解自己的燃眉之急，便决定把采购丁烷气的投标机会给他，使他一下有了强大的进攻力量。

接下来，杜德拉在寻找牛肉买家的过程中，获得了这样一条信息：西班牙有一家大船厂，这家工厂制造能力很强，却缺少订单，工厂处于半停产状态，西班牙政府十分关注。杜德拉认为这条信息又是一个很好的机遇，便前往该国的有关政府部门游说。他表示："假如你们向我买2000万美元的牛肉，我便向你们的船厂订制一条价值2000万美元的超级油轮。"这一条件对西班牙政府来说是求之不得的，因为他们本来就要进口大量的牛肉。于是，他们立即达成协议，并通过西班牙驻阿根廷大使与阿根廷联络，告诉阿根廷将杜德拉所订购的2000万美元的牛肉直接运往西班牙。

事实上，杜德拉在向西班牙推销牛肉之初，就已在物色购船的客户。最后他找到美国的太阳石油公司洽谈。他对这家公司的老板说："如果你们肯出2000万美元来购买我的一条超级油轮，我就向你们购买2000万美元的丁烷气。"太阳石油公司想，反正自己是要买油轮的，现在他能买自己的产品，条件是有利的，便欣然接受了。

最后，这宗一环扣一环的买卖终于实现了。杜德拉所做成的生意不是最初的2000万美元，而是6000万美元。他在这桩巨额的交易中，分文资本不出，却从中获取了数百万美元的利润。此后，杜德拉继续运用这种经营术，连连取得成功，很快就成了世界巨富。

在求人办事时，若想使所求之人为你办事，必须要有和对方交换的条件。如果没有这些条件，聪明人就运用打肿脸充胖子的包装法，自己为自己创造条件。

日本的伊那镇地处荒僻一角，风景也平淡无奇，当地政府却希望它变成"奇货"，变成风水宝地，变成人心向往的旅游胜地。这样当地政府实际上就是在求人，求人们来到这个荒僻的地方旅游。怎么办呢？一开始他们派了一队人马，四处了解民风民俗。经过几个月的调查，好不容易搜集到了一个民间故事——古代一位侠客勘太郎的神奇经历。这虽然只是子虚乌有的传说，但主管部门却不管那么多，就从这一点着手，开始对其大做文章。

过不多久，伊那火车站广场上，奇迹般树起了一座勘太郎的铜像。书店里，突然冒出了许多描写勘太郎除强助弱、侠骨仁心的神奇传说的图书。旅游品商店里，勘太郎的木雕、勘太郎腰带、勘太郎兵器等新玩意层出不穷，甚至民间开始到处传播赞颂勘太郎的歌曲。勘太郎一下子成了家喻户晓的大英雄。顺理成章的，勘太郎的"诞生地伊那镇"成了英雄圣地，成了闻名的观光胜地。人为的夸张和包装宣传，使这个平淡无奇的地方很快成了财源滚滚的风水宝地，勘太郎成为当地政府的可居"奇货"。

针对对方感兴趣的方面，制造一个"卖点"，人为地进行夸大，是吸引对方注意、提高办事成功率的方法之一。

利用虚张声势的办法，就是利用别人对自己不知底细，当一只"披着狼皮的羊"，有时会收到非常奇特的效果。如果你走投无路，又需求人办事，不妨一试。

办事要软硬兼施

办事靠一只手往往是不够的，有时需要左右开弓才能奏效；同样，求人单靠软的或硬的单一方法也是不行的，只有软硬兼施才更容易把事办成。聪明人在办事时，不会拘泥于一种方法，而是善于总结、善于优化，找到最适合的办事方法。

近代革命家黄兴一生历经了千难万险，但每次在危难之中都凭借过人的智慧和杰出的口才，化险为夷，安然脱险。

一次，黄兴回长沙发动群众，约定某晚起义。不幸机密泄露，湖南巡抚下令捕捉黄兴，隐匿者同罪。黄兴无处藏身，正在万分焦急之时，忽见一出租花轿仪仗的商店。黄兴面见店主，直接承认自己是黄兴，请他掩护自己。店主怕惹是生非，怎么也不答应。黄兴无奈，便大喝一声："今天巡抚下令关闭城门抓捕我，我如果被捕，一定把你说成我的同党。你想免祸的话，就用花轿抬着我，配上仪仗和鼓手，送我出城，只要我脱了险，加倍付工钱。"话一出口，店主只好乖乖地照办了。

办事时所求的人很多都是"软的欺，硬的怕"，对待他们要软硬兼施。一味地软可能会被人欺侮，总是硬又会招致对立，处处树敌。如果能用硬压住对方嚣张气焰，用软取得同情，给人面子，便会让对方有顺水推舟的心理。和你敌对他没什么好果子吃，而你这"硬汉"又给他留足了余地，何乐而不为呢？

清朝名臣曾国藩的手下有一员猛将，叫陈国瑞，他原本是蒙古王爷僧格林沁的手下大将。此人没有读过什么书，更不知道一些必要的礼仪，开口便说脏话，举手就想打人，性格暴烈，非常难管，但此人精于打仗，是一位难得的武将。

据说，他在15岁时，便在湖北应城投了太平军，后来战败后投降清军，几经辗转被收在僧格林沁部下。他打仗时骁勇善战。有一次，双方作战时，陈国瑞肋下中枪，却仍"裹创力战"，生生击退了敌人，然而，他的粗鲁和莽撞与他的勇敢不相上下，让人爱也不是，恨也不是。有人甚至说他比僧格林沁有过之而无不及。传说僧格林沁就是个暴虐、狂躁、喜怒无常之人，赞赏他人时不是割一大块肉塞进对方嘴里，就是弄一大碗酒给他人喝下去，听手下汇报战况也要到处走动，发怒时则用鞭子抽打、冲过去扯他人辫子，让别人难以接受。只有陈国瑞不怕这僧格林沁，因为僧格林沁与他有着太多的相同之处。

后来，曾国藩受命剿捻，与陈国瑞打上了交道。当处理陈国瑞与刘铭传所统率的部队械斗之事时，曾国藩感到只有让他真心地服从自己，才能让这个既善战又鲁莽的将军为自己所用。于是，曾国藩决定采取"软硬兼施"的方法。

曾国藩先是用凛然不可侵犯的正气打击陈国瑞的嚣张气焰，然后历数他的劣迹暴行，让他知道自己的过错和别人的评价，给他以"硬"的一面。就在陈国瑞以为自己肯定被新来的上司处置的时候，曾国藩话锋一转，又表现了其"软"的一面，既表扬了他的勇敢、不好色、不贪财等优点，又给他展望了一下未来，说他是大有前途的将才，切不可以莽撞自毁前程。就是这一软一硬，愣是让桀骜不驯的陈国瑞老实了起来，与曾国藩定下了不扰民、不私斗、不抗令三条规矩。

江山易改，禀性难移，过了不久，陈国瑞的老毛病又犯了，一离开曾国藩的视线就开始为所欲为，早把那三条规矩放在了脑后。曾国藩看到软的作用不大，马上请到圣旨，撤去陈国瑞帮办军务之职，剥去黄马褂，责令戴罪立功，以观后效，并且告诉他再不听令就要进一步撤职查办。陈国瑞一想到那无仗可打，又无权无势的生活，立即表示听曾大人的话，率领部队开往指定地点。

曾国藩就是这样，以软硬兼施的方法，收服了陈国瑞这个"刺头"为己所用。

软硬兼施是我们求人办事的一种智慧，有这种智慧，我们就可以从容面对各种让人为难的事情。

求人办事的关键是要软硬兼施。对待某些人，如果一开始就软，他必然认为你好欺负，而对你更加强硬；如果你硬到底，他下不来台，来个"死猪不怕开水烫"，你也没办法。有效的办法是：软硬兼施。至于先硬还是先软，则要因事、因时、因人而异。

巧用幽默求人

幽默能润滑人际关系，祛除忧虑愁闷，提高生活质量，拉近彼此距离，从而营造出良好的办事氛围，因此，在求人办事过程中，幽默起着其他的办事技巧所不可替代的作用。

下面让我们看一下，在求人办事巧妙运用幽默的几种方法。

机智幽默法

在求人办事过程中，往往会遇到令人发窘的问题和尴尬的处境，那怎样才能做到遇事不惊，从狼狈难堪的境地中解脱出来呢？运用急中生智的幽默也许是最好的方法。

有一次，著名京剧老生演员马连良先生演出《天水关》，他在剧中饰演诸葛亮。开演前，饰演魏延的演员突然病了，正好有一位同行前来看望，救场如救火，他毛遂自荐替演魏延这一角色。

一开始，那位临时演员还配合得相当默契，当戏演到诸葛亮升帐发号施令巧施离间计时，这个演员想和马连良开个玩笑，该魏延下场时，他偏不下场，却摇摇摆摆地朝诸葛亮一拱手，粗声粗气地说道："末将不知根底，望丞相明白指点！"

但是，这个突如其来的情况并没有难倒马连良，他先是微微一怔，旋即向"魏延"一笑，说道："此乃军机，岂可明言？请魏将军站过来。""魏延"一听，只好走到"诸葛亮"跟前。只见"诸葛亮"稍微侧了侧身体，俯在"魏延"耳边轻声说了一句什么，那"魏延"口中连呼"丞相好计！丞相好计！"然后赶忙匆匆下场。

这段临场发挥的"戏"，连台下的老观众也没有看出其中的奥妙。其实，马连良的"好计"只不过是压低嗓门，笑着对这位同行骂了句："你这个浑蛋，还不快点滚下去！"

马连良不愧是一位表演艺术大师，面对突如其来的刁难，他不忙不慌，而是急中生智，轻松幽默地帮自己解了围。

借题幽默法

借题幽默法是指巧妙地借助别人的某一话题，引申发挥，出人意料地表达自己的某种思想或想法。

南唐时，朝廷对京城征收多种赋税，百姓不堪重负，怨声载道。大臣申渐高也为此十分担忧，但苦于找不到合适的机会向皇上提出减税的建议。

这一年，京师大旱，烈祖问群臣说："外地都下了雨，为什么京师不下啊？"

大臣申渐高趁机说："因为雨水怕抽税，所以不敢入京城。"烈祖听后大笑，并决定减税。

申渐高的话就是借题发挥，巧借烈祖的话，生动形象地将其引申发挥，巧妙地表达了京城征税太多，应该减税的思想。既回答了烈祖的问题，又巧妙地表达了希望朝廷减税的愿望。烈祖果然在笑声中接受了他的建议。

双关式幽默法

为了使自己要办的事情容易被对方接受，我们可以用双关式幽默法，这是使用一个词的语音或语义同时关联两种不同的意义并进行曲解的方法。

从前有个富人，非常吝啬，待人很刻薄。有一天他正在吃饭，外面来了一位客人，他寒暄了一句就把客人留在客厅里，自己偷偷溜到里面吃饭去了。

客人很生气，大声说道："这座厅堂很可惜，许多梁柱被蛀虫蛀坏了！"

主人听见了，急忙走出来，问道："蛀虫在哪里？"

客人笑了笑，回答说："它在里面吃，外面的人怎么知道呢？"

客人的答话是双关语，表面上说是蛀虫，实际上是说主人。主人听出话中有话，自然明白了自己的做法不妥当。

自嘲式幽默

自嘲是拿自己开刀的幽默，虽然是拿自己开刀，但往往能让你赢得别人的欣赏，达到自己求人的目的——大我物自嘲可以收敛锋芒、彰显风度，小人物自嘲可以博得幽默机敏的夸赞。

法国哲学家伏尔泰是一个人见人爱的幽默高手。据说，1727 年英法战争期间，伏尔泰恰巧正在英国旅行。谁知道英国人竟不分青红皂白，把当代的大哲学家伏尔泰抓住了。

"把他绞死！快点把他绞死！"英国人怒气冲冲地大叫。

伏尔泰被抓起来送往绞刑台上时，他的英国朋友纷纷赶来替他求情。他们紧张而又急切地喊道："求求大伙儿了，你们不能将他处死，伏尔泰先生只是个学者，他从不参与政治！"

"不行，法国人就该死！把他吊死。"那些群众还是不停地怒骂着。

在双方争执不下的时候，伏尔泰举起了双手，悄声地说："可不可以让我这个将死之人说几句心里话？"

全场突然安静了下来。

伏尔泰对群众深深鞠了个躬，清了清嗓门，说道："各位英国朋友！你们要惩罚我，就是因为我是法国人。以各位的聪明才智，不难发现，我生为法国人，却不能生为高贵的英国人，难道对我的惩罚还不够吗？"

说完，英国人全都哈哈大笑了起来。这番诙谐幽默的求人话语竟让伏尔泰死里逃生，他被当场释放了。

伏尔泰深谙"自我嘲笑、自我谦抑"的技巧，不仅化解了英国人对他的敌意，更促进了彼此"和谐、欢乐"的气氛。

以柔克刚式幽默

小周驾驶的汽车载人又装货在公路上行驶，边跑边放录音。后面来了一辆小车，鸣笛几次，由于笛声不响，在行驶的车上噪声又很大，小周和他的同伴都没有听见，他把小车压了好长一段路。小车瞅准机会超车以后，便在小周的前面停下挡住了去路。小车上的几个人都下了车，又是指责又是骂。小周的伙伴们也不示弱，眼看一场械斗就要开始了。

这时，小周仔细看了看小轿车，下意识地判断出对方不好惹，如果不低头求人，将会有很大的麻烦。于是急忙下车走上前去，边脱衣服边大声说："同志们，我今日虽然不是有意压小车，但是给大家带来麻烦，该打。我脱了衣服，让你们方便，要求你们打轻点，打快点，打了大家好赶路。"

小周这么一说，反而把一个领导模样的人逗笑了，说了句"算了"，便各自走路。

小周利用以柔克刚之法，将责任揽到自己头上，话语幽默风趣，又透出真诚，从而化解了矛盾，也算是求助对方获得对方的谅解从而避免一场麻烦。

拒绝"碰壁"

在现实生活中，由于人们的分工越来越细，社会化程度越来越高，谁也无法孤家寡人包打天下，或与世隔绝自得其乐。即使能亲自办一些事，也不能什么都会干，都干得了，因此无论是公事私情，总难免要去求人，但是，求人办事不容易，有求于人，就免不了有时在人前低人一等，矮人半截，或者要看人脸色，听人数落，更有甚者，因事情紧急受人敲诈，被人要挟，而最怕的莫过于满怀希望去求人帮助，却不料碰壁而归，碰了一鼻子灰，碰得面红耳赤、头破血流。这时的求人者，交际出现障碍，不仅事被耽搁，而且心里也灰溜溜的。

那么，求人不犯难，办事不碰壁的办法何在？人生千百事，凡事在人为，这里介绍几条看似平常无奇，实则每每奏效的"诀窍"，供读者借鉴。

明确事情该不该办

求人办事之前，先需扪心自问，反复权衡这事到底该不该办。倘若事情合情不合理、不合法、违背政策和原则，就绝不要办，更不能去难为别人。为了自己或小团体方便，把所求之人逼上错路、罪路、绝路，是不道德的，而且，凡事知其不可而为之，或不顾客观条件，站在个人立场上，异想天开，自作多情地为难别人，其遭遇"碰壁"恐怕也在所难免了。

求人要交心

要想得到别人真诚的帮助，对人一定要以诚相见，道清事情原委、症结所在，以唤起人家的同情、热情，以助你一臂之力，帮助解决问题和困难。反之，去求人时又不说明怎么回事，对人虚晃一枪，连藏带掖，使人觉得你不信任他，只是一种利用，心中会平添反感和不快，弄不好，你得到的便是"婉言拒绝"。

态度是关键

索取与给予，求人与助人，总是前者羞于开口，没有后者来得舒坦、潇洒，因此，求人办事，态度很重要。一般说来，求人时的态度都是恭敬有礼、恳切真诚的。这可以从与"求"相关的词语中看出，如"请求""哀求""祈求""恳求""央求""追求"，哪个态度不好？讲态度，要反对两种倾向：一是对人生硬死板，不善周旋，特别是地位高者，财力厚者，或手持熟人"字条"者，给人一种居高临下，非办不可的威压；二是过于卑下，毫无骨气，为达到目的，丧失尊严，乞哀告怜，任人奚落、耍弄，事情虽然办了，但人格丢失殆尽，给人落下话柄。

广交真朋友

遇事能有亲朋好友为你分忧解难，真心鼎力相助，乃人生幸运。患难方知朋友可贵，这是无数人品味苦涩之后的肺腑之言，所以平日里要广交真朋友，善结好人缘，也就是交人要交心。重要的是自己要有正直高尚的品格、助人为乐的精神，这样才会有凝聚力、吸引力，才会结交与你患难与共的诤友、挚友。那种酒肉为媒、吃喝为乐、虚与应付、互相利用的所谓昵友、挚交，一旦你遇到点儿坎坷艰难，早已逃之夭夭，不见踪影，哪里肯真心帮你？

选择最佳路

俗话说，条条大路通罗马。办事求人，也不妨眼界开阔，多选择几条路线。要考虑是自己直接办，还是间接请人办？一事求甲求乙均可，甲与你关系密切，能力不济，但会尽心尽力；乙与你尚无深交，不过他做此事驾轻就熟，只是举手之劳。两相比较，到底求谁？某事已求人关照，但进展艰难，是一条道走到黑，还是另辟蹊径，另请高明？这些都须深思熟虑，确定办事的最佳角度和途径。

有点儿忍耐力

求助于人，无疑会使被求者劳心伤神，平添麻烦。人家因此而有面露难色、态度冷淡、犹豫思考、细询原委、诉说甘苦等情形都很正常。这种情境下，有人觉得自己丢面子，没了志气，甚至感到是被人侮辱，遭受嘲弄，于是或拂袖而去，或口吐怒言，或耿耿于怀，事没办成，反倒造成隔阂。其实，人家很可能是诚心实意要帮你，有的人不过是有点儿认真、古板，或不善应酬，或心直口快，或唠叨絮烦，并非拿"壁"让你碰，你应有很好的修养心和忍耐力。自尊心固然重要，但神经过敏就不好了。求人者急于办事的焦灼可以想见，被求者进退两难的苦衷也应理解。不能人家还没拒绝，自己倒已沉不住气了。

眼光要长远

真挚的友情是长期培育建立起来的，也能经得起漫长岁月的考验。人们羡慕那种患难之时众手相助之人的福气，但须知这绝不是现用现交的结果，渴了挖井岂能奏效？平日里自己对人冷若冰霜，与伙伴邻里形同陌路，有事相求时，套近乎，攀交情，对人异乎寻常地热情起来；求之于人时，一好百好，事成之后，一了百了，连声谢谢都不说。过河拆桥，一锤子买卖，友谊哪能长久？如此寡情少义的人，关键时刻，又怎能奢望别人的真诚援助？

增强自主性

我们提倡人与人之间团结互助的风气，但更主张增强自主自立的精神。能自己做的事，尽量不应给别人带来麻烦。但凡自己不容易办，但经过一番努力，付出辛劳能奏效的事；今天看起来无能为力，过一段时间就有条件实现的事；虽然不能全部自己完成，但其中一部分可以自己解决的事，就不要轻易去烦劳别人，这样碰壁的次数自然就减少了。

抓住事情的关键点

如果说繁杂的事情是一把锁，那么关键点就是解开它的钥匙；如果把求人办事比作一张网，关键人物便是网上的结点。俗话说"纲举目张"，要想办成事或尽快办好事，就要针对关键人物下工夫。突破关键人物这道关卡，就找到了办事的关键点，事情就会好办得多了。

在第二次世界大战中，美国曾经宣称：一名优秀的数学家的作用可以超过 10 个师的兵力。你知道这句话的由来吗？

1943 年以前，大西洋上英美运输船队经常受到德国潜艇的袭击。当时，英美两军限于实力，无力增派更多的护航舰，这使得德军气焰更加嚣张，袭击更加猛烈。而英美只能望洋兴叹，无力改变这种局面，因此，一时间，德军的潜艇战使英美盟军焦头烂额。英美盟军不得不重新思考别的办法，以便与德军对抗。

为此，有位美国海军将领专门去请教了几位数学家。数学家们运用概率论展开了详细的分析和思考。最后终于发现，舰队与敌人潜艇相遇是一个随机事件，从数学角度来看这一问题，它具有一定的规律。一定数量的船，编队规模越小，编次就越多，编次越多，与敌人相遇的概率就会越大，这样就很不利于英美盟军的运输。

这就说明了一个最为关键的问题：要尽量减少编次，来避免德军的袭击，降低运输船只的损失。

英美海军当时也没有更好的办法，只得接受了数学家的这种建议，命令舰队在指定的海域内集合，再集体通过危险的海域，不能分头行驶，然后再各自驶向预定的港口。一切都在按原计划进行，结果奇迹出现了：英美盟军舰队在经过最危险的区域时，遭受德军袭击后被击沉的概率竟由原来的25%降低为1%，大大减少了损失，保证了物资的及时供应。正是这批物资的及时到来，大大增加了英美盟军的作战能力，使战争的局势很快由被动转为主动，取得了最后的胜利，也正因此，数学家受到了美国军方的高度赞扬。

数学家本不懂军事，却能够解决这个复杂的军事问题，就是因为他们用独特的眼光找到了问题的关键点。

在求人办事的时候，最怕摸不到关键点，而找到关键点，就是要找到在事情中起关键作用的关键人物，那么，我们应该怎样辨别哪些是关键人物呢？

找具体负责的人

有时候，即使是领导同意解决的问题，也会由于下属某一环节作梗而搁置下来。负责这一环节的人不论职位大小，都会变成解决问题所必须疏通的"关键人物"，所以在办事的时候，不能忽略了具体负责的关键人物。

关键问题与问题的关键在某种程度上是一样的，都是抓住事情的主要方面来办事。善于观察和领悟的人往往能抓住事情的关键点，寻找关键人物，找到事情的解决办法。

找那些起关键作用的权威人物

小李想到某公司应聘技术人员，但递上简历一个星期后，仍然没有一点消息，他打电话询问，公司文员告诉他被淘汰的结果。小李很不甘心，因为他相信自己的技术，如果有缺点的话，那肯定是简历做得不够好。

第二天，小李以探讨技术为由，约到了技术部主任，结果相谈之下，技术部对其相当认同，小李随后又提及应聘未果的事情。结果技术部主任亲自到人力资源部点名要他，于是他被顺利录取。

适时着眼于主要领导

某公司有一批货急需卖出，公司的销售主管任娟决定到一家超市寻求合作。任娟此时忧心如焚，因为再有两个月时间，这批货物就要过保质期了，如果再卖不出去，就会造成一大笔损失。经过仔细权衡后，她没有去找超市的主管，而是找到其公司的董事长，由于让利幅度较大，很快就达成了协议。事后，任娟说："我本来是想找超市主管的，但又害怕其做不了这么大的主，耽误时间，所以就直接找了董事长。"

第七章 ▷

把握分寸，不卑不亢求人

求人办事之前，我们要对自己有清楚的认识，量力而行。在这个世界上，我们毕竟不能独来独往。办自己的事情时，有时涉及很多方面、很多人员。这就要求我们在处理事情的过程中，必须全盘衡量，把握分寸，协调好各方面的利害关系，把握好尊严与礼数的尺度，做到在争取我们自己利益的同时，绝不伤害他人。

找人先给自己号脉

在现实社会中，我们每个人都离不开别人的帮助，不是你求我，就是我来求你，如果你是一位"万事不求人"的人，那么你注定是孤立的、失败的。当然，有很多人不是不想去求人办事，而是不敢，之所以这样是因为他们的心理素质不好，像自卑、社交恐惧、脾气暴躁等心理缺点都会给你将来求人办事产生极大的消极影响。

那么如何摒弃这些心理缺点呢？

敢于全面地认识自己

要善于发现自己的优点，肯定自己的长处。别人不见得有多好，自己也不一定会有多差。想想曾经做过的事情，多想想那些成功的事情，借此树立自信。

睁大眼睛，正视别人

眼睛是心灵的窗口，一个人的眼神可以折射出他的性格，透露出微妙的信息。正视别人等于告诉对方："我是诚实的，光明正大的；我非常尊重你，喜欢你。"因此，正视别人是积极心态的反映，是自信的象征，更是个人魅力的展示。

学会微笑

真正的笑不但能治愈自己的不良情绪，还能马上化解别人的敌对情绪。如果你真诚地向一个人展颜微笑，他就会对你产生好感，这种好感足以使你充满自信。

平衡心理，主动出击

对社交出现恐惧根源在于害怕交往中出现棘手、无法应付的情况，让自己难堪、出丑。当一个人对外界不确定时，当然会出现恐惧的心理了。与其害怕不如主动面对，因此不妨主动寻求外界的刺激，以培养你的心理素质和解决问题的能力。

给自己松绑。社会交往过程中不要背无所谓的包袱，学会轻松、坦然地面对一切。

不否定自己，不断地告诫自己"我是最好的"，"天生我才必有用"。

不苛求自己，能做到什么地步就做到什么地步，只要尽力了，不成功也没关系；不回忆不愉快的过去，过去的就让他过去，没有什么比现在更重要的了。

每天给自己 10 分钟的思考时间，不断总结自己才能够不断面对新的问题和挑战。

找个倾诉对象，有烦恼是一定要说出来的，找个可信赖的人说出自己的烦恼。可能他人无法帮你解决问题，但至少可以让你发泄一下。

有些人在找人办事时，心急火燎，巴不得对方马上着手就办。如果对方一两天没什么动静，便有些沉不住气了，一催再催，搞得对方很不耐烦。这不是找人的正确态度。也许对方有自己的难处，不得不慢慢作打算；也许，他真的无能为力。不过，无论对方处于什么境况，我们必须要有不急不躁的耐心等待对方的回答。请记住：一旦找了人家，就要充分相信对方。

战国时，魏国的国君魏文侯打算发兵征伐中山国。有人向他推荐一位叫乐羊的人，说他文武双全，一定能攻下中山国。可是有人又说乐羊的儿子乐舒如今正在中山国做大官，怕是投鼠忌器，乐羊不肯下手。

后来，魏文侯了解到乐羊曾经拒绝了儿子奉中山国君之命发出的邀请，还劝儿子不要跟荒淫无道的中山国君跑了，文侯这才决定重用乐羊，派他带兵去征伐中山国。

乐羊带兵一直攻到中山国的都城。然后就按兵不动，只围不攻。

几个月过去了，乐羊还是没有攻打，魏国的大臣们都议论纷纷，可是魏文侯不听他们的，只是不断地派人去慰劳乐羊。

乐羊照旧按兵不动，他的手下西门豹忍不住询问乐羊为什么还不动手，乐羊说："我之所以只围不打，还宽限他们投降的日期，就是为了让中山国的百姓们看出谁是谁非，这样我们才能真正收服民心，我才不是为了区区乐舒一个人呢。"

又过了一个月，乐羊发动攻势，终于攻下了中山国的都城。乐羊留下西门豹，自己带兵回到魏国。

魏文侯亲自为乐羊接风洗尘，宴会之后，魏文侯送给乐羊一只箱子，让他拿回家再打开。

乐羊回家后打开箱子一看，原来里面全是自己攻打中山国时，大臣们诽谤自己的奏章。

我们可以这样假想一番：如果魏文侯听信了别人的话，而沉不住气，中途对乐羊采取行动，那么后果不堪设想，最终的结果是自己托付的事无法完成，双方的关系再也无法维持下去。

由此可见，求人办事有时候就像打一场战争。在这场战争中，你会遇到各种各样的突发、棘手的问题，只有那些心理素质好的人才有能力打赢这场求人战争。

求人办事要循序渐进

求人办事应由小到大，由微至著，由浅及深，由轻加重，把握好分寸。如果一开始就张开大口，很可能就会遭到对方的断然拒绝。因此，我们求人办事，应该由微至著，循序渐进。

弗利特曼教授是美国斯坦福大学社会心理学家，他曾以学校附近一位家庭主妇巴特太太为对象，做了个有趣的实验。

他打电话给巴特太太："这儿是加州消费者联谊会，为具体了解消费者的情况，我想请教你几个关于家庭用品的问题。"

"好吧，请问。"巴特太太说。

于是教授提出了一两个例如府上使用哪一种肥皂等简单的问题。

过了几天，他又打电话了："对不起，又打扰你了，现在，为了扩大调查，这两天将有五六位调查员到府上当面请教，希望你多多支持这件事。"

这实在是件不太礼貌的事，但巴特太太也同意了这个要求。

相反地，弗利特曼教授在没有打过第一个电话，而直接打第二个电话向其他家庭提出要求时，却遭到了拒绝。

他最后以百分比作为结论，前一种答应他的占52.8%，后一种只有22.2%，什么原因呢？因为前一种有了第一个电话的铺垫。

据此可知，向人有所请托，应由小到大，由微至著，由轻加重才是。如果一开始就提出很高的请求，很可能就会受到对方的断然拒绝。

在求人和拓展人际关系时，有一些法则必须注意，那就是"一回生，二回半生不熟，三回才全熟"，也就是要采取循序渐进的方法。

发展关系、求人办事要循序渐进，这是因为：

第一，人都有戒心，若你一回生，二回就要"熟"，对方对你采取的绝对是关上大门的自卫姿态，甚至认为你居心不良，因而拒绝与你接近，名人、富人或有权势的人更是如此。

第二，每个人都有好恶，若你想尽快打动对方，必定要采取积极主动的态度，以求尽快接近对方，也许对方会很快感受到你的热情，从而给你以热情的回应。

著名幽默大师林语堂总结中国人求人办事，像写八股文一样，对于如何循序渐进地求人办事很有启发。

中国人求人办事很少像洋鬼子"此来为某事"那样直截了当开题，因为这样不风雅，如果是生客就更显冒昧了。

中国人相当讲究话里做文章，有着八股般起承转合的优美。不仅有风格，而且有结构。在求人办事时，他们都会遵循四步循序渐进的"进行曲"：

第一步是寒暄、评气候。

诸如"尊姓大名"、"久仰"、"久违"及"今日天气如何如何"，皆属于此类。林语堂称为"气象学的内容"，主要起"来则安之，位安而后情定"的作用，即联络感情。这样不至于在求人前就遭到抗拒。

第二步是叙往事、追旧谊。

这就更深一层了，要从大众皆有的随意寒暄，过渡到彼此较为特殊的追叙旧谊，是深入的过程。林语堂是这样陈述的：

"也许令侄与某君同过学，也许你住过南小街，而他住过无量大人胡同，由是感情便融洽了。如果，大家都是北大中人，认识志摩、适之，甚至辜鸿铭、琴南……那便更加亲挚而话长了。做得好，双方感情可能会真的融洽起来。"

第三步是谈时事、发感慨。

这就涉及政治学的范畴了。"感情既洽，声势斯壮"，于是便可联手出击，进入"侃"的境界。

纵横的范围广，包括对政治人物、国计民生及时世的评价等。这一段做得好，感情更为融洽，声势又壮，甚而至于相见恨晚，到了两肋插刀的程度。至此，可认为到了陡然下笔、相机言事之时。

第四段就叫经济学——奉托小事。

铺垫做完后，再进入正题：现在有一小事相烦。先生不是认识某某吗，可否写一封介绍信？云云。

这一段要自然随意，不给对方造成很大的压力，或使对方觉得自己该欠他多大人情，而且要利用前叙铺垫，陡然收笔，总结全文。

林语堂描述的这段"求人八股"含有嘲讽的意味，如果不是一位圆滑世故、人情练达之人，想必也提炼不出如此精妙的"求人大法"来，但这确实是中国人特有的交际智慧。

求人不必弯腰驼背

求人不必弯腰驼背，有实力的人就像能折射七彩光芒的钻石，让人心甘情愿为他做任何事。

　　唐代诗人白居易16岁到长安应试，向当时的名士也是著名诗人顾况求助，希望对方能推荐自己。

　　当时，白居易还只是一个无名小辈，地位已经很高的顾况自然瞧不起这个年轻人。一看见他姓名中的"居易"二字，顾况就嘲笑他说："长安米贵，居不大易。"

　　言下之意是非常明显的，就是我为什么要帮助你这个无名小辈呢？并且帮助你在长安成名又有什么意义呢？但当顾况接着看白居易递上去的诗作，翻阅到其中《赋得古原草送别》一首，不由得精神顿时清爽起来：

　　离离原上草，一岁一枯荣。

　　野火烧不尽，春风吹又生。

　　远芳侵古道，晴翠接荒城。

　　又送王孙去，萋萋满别情。

　　这首诗写得极有气势，把自然界的草木荣枯与人生的离合悲欢联系起来，特别是"野火烧不尽，春风吹又生"二句，表现出一种饱受摧残，而仍然不屈不挠、奋发豪迈的精神。见此，顾况不由得击节赞叹，改口称赞说："有才如此，居亦易矣！"顾况认为白居易是个值得自己帮助的青年，于是回应了白居易的求助，帮助白居易广交长安名人雅士，并在仕途上助他一臂之力。

　　白居易以不卑不亢的态度，用过人的才华为自己赢得成功的机会。求人时，不妨想想你有什么地方值得别人帮你：向人借钱，是不是该让人知道你有多少还钱的实力；向人求工作，是不是该让别人知道你的工作能力能为他带来多少利润；向人求爱，是不是该让他晓得你值得对方爱的优点？

求人不必总是低声下气，但也用不着狂妄自大。如果你是求人时的强者，则完全没有必要摆出居高临下的样子，而应该表现出自己平易近人，开朗、热情、主动，目中有人，尊重对方，再配上微微一笑，使对方感到亲切而温暖；这样，就会给求人与被求双方创造一种友好亲切的气氛，解除那种由于你的身份与经济实力加在对方头上的沉重压力。总之，身为强者的你应该放下架子，以缩短双方的距离，激发双方思想感情上的共鸣，以谦和的态度赢得对方信任并达到自己求人成事的目的。

而作为地位比对方低的求人成事者，则应该不为对方的权势所动，不为对方的身份、地位所左右，克服畏惧、紧张、羞怯的不良心态，大胆地表明自己的来意。应使自己振作起来，以一种"人对人"的不卑不亢态度来与对方会谈，尽可能地运用自己的才华，这样才能在求人办事时获得成功。

不要为面子问题发怒

面子是让人不敢接近的冰霜，热情却是令人温暖的炭火。

宋代有一位理学家叫做张九成。张九成告老还乡之后，对当时流行的禅宗发生了极大的兴趣，甚至专程去拜访禅学大师喜禅师。

喜禅师问他："你来此地有何贵干呀？"

他学着禅师的口吻说："打死心头火，特来参喜禅。"

禅师便说："缘何起得早，妻被别人眠。"

张九成经禅师这一说，怒声骂道："无明真秃子，岂敢发此言。"

禅师微微一笑，说道："你本非我佛中人，非要来凑热闹。我刚刚一煽风，你那边马上就起火，这种修养也能参禅吗？"

张九成这才明白喜禅师刚才是在试探他。他非常后悔，可是已经来不及了。

这个故事讲的是学禅的事，但也可以用来说明求人成事时的面子问题。很多人信奉"万事不求人"或"求人不如求己"的原则，认为请求别人帮助是自己无能的表现，似乎有些丢脸。这种看法是偏颇的。人与人之间的互相帮助是生存之所必需，而非"无能"或"丢脸"。因此要找人办事、学会求人，就必须要"打死心头火"。如果像张九成那样一听到对方的话不对自己胃口马上"火冒三丈"，是难以悟到求人成事的要义的。

要求人，死要面子可不行。所谓"人在矮檐下，不得不低头"。求人成事，死要面子、放不下清高的架子是不会成功的。

又如美国著名企业家艾科卡的故事。

20 世纪 70 年代，艾科卡由于遭人忌妒和猜忌被老板免去了福特汽车公司总经理的职务。面对打击，他没有消沉，而是立志重新开创一片天地。为此，他拒绝了数家优秀企业的招聘而接受当时濒临破产的克莱斯勒公司的邀请，担任总裁。

到任后，艾科卡首先实施以品质、生产力、市场占有率和营运利润等因素来决定红利政策。他规定主管人员如果没有达到预期的目标就扣除 25% 的红利；他还规定在公司尚未走出困境之前，最高管理阶层各级人员减薪 10%。

这一措施推出后，有人反对有人赞成，反对的人是公司的元老，认为这样做损害了他们的利益。艾科卡冷静地对待这一切，并且自己只拿一美元的象征性年薪，让反对他的人无话可说。

为了争取政府的贷款，艾柯卡四处游说，找人求人，接受国会各小组委员的质询。有一次，由于过度劳累，导致他眩晕症发作，差点晕倒在国会大厦的走廊上。为了取得求人、办事的成功，艾柯卡把这一切都忍了下来。结果，他领导着克莱斯勒公司走出困境，到1985年第一季，克莱斯勒公司获得的净利高达五亿多美元。艾柯卡也从此成为美国的传奇人物。

艾柯卡取得巨大的成功，其秘诀就是"打死心头火"。然而这里的"心头火"指的是高傲的自尊，而不是为了目标努力耕耘、勇往直前的热情。

求人时最忌讳的便是为了面子问题而发怒。发怒的结果非但不能解决问题，反而得罪了能帮助你的人。求人遭遇刁难时，不妨先按耐住自傲的火气，拿出你的热忱，让别人看见你真正的需要，让他了解你的目的。张三拒绝你，不妨找李四，李四拒绝你，再找王五，总会找到肯帮助你的人。千万别为了一时的面子，而忘了求人真正的目的是"解决问题"！

求人切记不越位

越位做事确实不是明智之举，往往出力不讨好。越位一方面会使被越位的同事感到愤怒和忌妒；另一方面很容易使自己做不好本职工作，遭到上司的批评。为了防止越位，一定要明白自己的职能范围。对自己所能做的事与不该做的事有所了解。当然在求人办事时，也同样不要越位，越位找人，越位办事，不但事情办不成，还有可能把事情办糟。

越位与"帮忙而不添乱，尽职而不错位"这一要求大相径庭。看过足球比赛的人都知道，足球场上的11名队员分工明确、站位准确、跑位精确，是一个有机的整体。他们在一场90分钟甚至更长时间的比赛中，认真执行教练的意图，各司其职，各负其责，联动一体，使整场比赛井然有序、有条不紊。当然，我们有时会看到进攻一方的队员站位靠前，出现越位情况，这时进攻无效；有时还会看到防守方球员把球踢进自家球门，来个"乌龙球"，让人悔之莫及，这大概是错位的一种表现吧！

上述现象是在足球赛场上发生的，其实，在平常找人办事中，也会发现一些人"越俎代庖"或者"张冠李戴"的现象，导致"种了人家的田，荒了自家的地"。具体表现为：如果一项工作能够创造一定利益，许多人都争着要干，即使这项工作本来与自己沾不着边，已经超出职能范围了，但"不争白不争，争到了不白争"，因此导致"文件打架"现象产生，这样一次办成的需要多次才能办成。门难进、脸难看、话难听、事难办"四难"现象与此不无关系，而如果一件事情让人既费精力，又要投入人力、物力、财力，则许多人避之唯恐不及，推诿扯皮，结果出现"真空地带"，出了事情，追究起责任来则"大事化小、小事化了"。

做事时，要为自己定好位。哪些该做，哪些不该做，应该心中有数。有的人觉得别人的事给他来做才能做好，才能表现一番，便抢别人的路。这样不仅不能把本职工作做好，反而会受到别人的刁难，造成自己事事不顺，一事无成。

越位做事确实不是明智之举，往往费力不讨好。越位一方会使被越位的人感到愤怒和忌妒。为了防止越位，一定要明白自己的职责。对自己所能做的事与不该做的事有所了解。要认识到自己应该对自己的行为负责。

　　求人办事的时候，我们应该找准自己的位置和对方的位置。俗话说"知己知彼，百战百胜"，只要找对自己的位置，在找人办事的时候就不会越位，也不会错位了，这样就可以把事真正的落到实处，把事办好。

力不从心的事情不能办

　　有人委托你做某事时，你要认真考虑好，这件事自己是否能够胜任，把自己的能力与事情的难易程度以及客观条件是否具备结合起来考虑，然后再作决定。

　　有时熟人求你办一件极难的事时，你可能不乐意，但又不好意思拒绝，但是你没有考虑到，如果为了一时的情面接受自己根本无法做到的事，一旦失败了，对方就不会考虑到你当初的热忱，只会以这次失败的结果对你进行评价。

　　某教师被分到某中学工作，市教委从该校抽人，对全市的中学进行实地考察，并写出调查报告。因该师还没有被安排授课，学校就推荐了他。起初，他感觉为难，心想自己不仅对本市中学教育情况不熟悉，就是对教育工作本身，自己刚刚走出校门，又能知道多少呢？本不想参加，无奈校长已经开口，实在不好拒绝，只好勉强服从。

　　一个半月过去了，别人都按分工交了调查报告，唯有他由于不谙世故，又缺乏经验，对自己分工调查的三个中学连情况都没摸准，更不用说分析了。市教委主任很恼火，责备校长，怎么推荐这么一个人。校长自然对该教师说了两句重话。该教师面子受不了，又是气又是羞愧，一下子病倒了，在床上躺了两个星期。

该教师由于当初不好意思拒绝，最终面子难保，身心都受到了伤害。这对他是个值得吸取的教训。

如果，你认为上级拜托你的事不好拒绝，或者害怕因拒绝会引起上司不高兴而接受下来，那么，此后你的处境就会更艰难，所以，办事要量体裁衣，自己感到难以做到的事，要勇敢地鼓起勇气，说声："对不起，我实在无能为力，您是否可以另找别人？"或者"实在抱歉，我水平有限，只能让您失望了。我想，如果我硬撑着答应你，将来误了事，那才对不起您呢！"这样，你才是真正会办事的人。否则，将来丢脸的肯定是你。

有时，对别人提出的请求，我们自己也没有把握能否办到。这时就要具体问题具体分析，认真评价自己的办事能力，千万不要过于自信，更不可吹牛。否则，虽然平时关系密切，可一旦事情办砸了，反倒得罪了人。

某教授学识渊博，气质儒雅，颇令一拨青年学子为之倾倒，真可以说是桃李满天下了。在经商潮的冲击下，他也跃跃欲试地兼任了一个信息与广告咨询事务所的经理。

一天，某小杂志社的主编经人介绍来到教授家，教授热情而又不失矜持地接待了他，一番寒暄过后，主编道出来意。原来，他们这个小杂志社有心搞一项文化活动，以扩大自己的影响并募集一些资金，想请他出面帮帮忙。

教授仔细询问了一番之后，如同面试学生感到还算满意似的，微微抬起下颌点了点头："嗯，你们的想法很好，这样搞就对路子了，我愿意帮助那些有作为的年轻人。"接着他又有把握地许诺说："我的学生中现在有许多已经是企业和一些部门的领导了，他们一向很尊重我，也非常关心和支持我现在搞的事业。我请他们搞点赞助、广告什么的，估计不成问题。"

教授一次次地有把握的回话，使主编大喜过望，信心也立时大增，连忙动用各种关系。好话说了千千万，才有一些"德高望重"的名人答应来捧场。

就在主编等着教授许诺肯定能够拉来的赞助款一到，就发布消息的时候，教授忽然销声匿迹了。各路菩萨都已一一拜到，杂志社不但白白劳神费力搭钱，而且从此更是失信于人。

后来，朋友碰到老教授提起这事，老教授的两颊不禁泛起了红晕，他叹着气说："唉，为拉赞助，我不知费了多少口舌，跑了多少路，好话说了几十车，把我的老脸都丢尽了！谁知那些人原来说得好好的，什么愿意给文化事业投点资，什么您出面我们还有什么可说的……可事到临头，该往外掏钱了，就又都变卦了！这下我可倒好，成了猪八戒照镜子——里外都不是人了！"

对没有把握的事许愿，真是害人又害己，因此，做人要脚踏实地，要冷静分析自己的能力是否胜任，对于力不从心的事要明确表态，不能盲目应承。一旦草率地给予答复，却没有办成事就容易给人华而不实的感觉，丧失他人对你的信任，以后你需要求别人办事的时候，别人就很有可能对你爱理不理。

把握交际应酬的分寸

一个人在求人时难免会交际应酬，尤其是公关办事的时候。吃吃饭、喝喝酒倒是其次，如何在交际应酬中表现得恰到好处，加深彼此间的关系，为办事作铺垫，那就是需要人们去仔细斟酌的事情了。

如何才能在交际应酬中达到预期目的呢？

交际应酬要"有度"。所谓"有度"，就是选择在对方比较适合的时间；交际应酬的时间不宜过长，但是也不宜过短；不要强人所难，这样才能恰到好处、皆大欢喜。

不管是交际还是应酬，时间安排上要合适，尽量不要干扰人家的正常生活。如果影响到家人的话，于情于理都很难说得过去。此外，不论什么事情，用的时间过长或者过短都不好，交际应酬也是一样。如果时间太长，频率过高，不说你自己累不累，别人大概已经够戗了。本来是为了交流感情、促进关系，现在却成了"疲劳轰炸"，很难不产生坏影响，但如果时间过短，就如同蜻蜓点水一样，别人也许还没尽兴，你这里已经偃旗息鼓、草草结束了，这同样不妥。

小桦最近有点烦，因为他发现自己似乎不太受人欢迎，尤其是最近发生的两件事情更让他感觉不是滋味。

上月的一个周末，小桦因为工作业绩突出，受到了公司的奖赏，非常高兴的小桦，决定请几个关系比较好的同事庆贺一下。令他万万没有料到的是，虽然先后邀请了十几个自认为关系不错的人，但都被人家推辞了。最后虽然也有几位朋友接受了邀请，但是那几个人跟他关系都很普通。如果说这只是让他稍受挫折的话，那么生日那天的事情就让小桦有些难以忍受了。

两个礼拜前，小桦生日到了。很早的时候他就给一帮哥们打过招呼，邀请他们一起聚一聚。但是到了生日那天，礼物收到不少，可是人却来得不多。当中有不少人是送来了礼物以后，跟他说了声"生日快乐"，就借口有事先走了。还有几位也就陪小桦坐了一会儿，然后纷纷退席。定了几个桌子、本想尽情庆祝一番的小桦看着几乎没怎么动的饭菜、零零散散的几个人，简直是欲哭无泪，他想不明白自己这是怎么了。

这两次事情有一个共同的地方，那就是不给小桦面子的人基本上跟他都很熟，也就是说很了解他。为什么会这样呢？原因其实在于小桦自己。

小桦有个毛病，就是一切都喜欢由着自己的性子来。不管别人有事没事、方便不方便，只要他自己喜欢，那就一定要陪着他一起疯，尤其是喝酒了以后更是如此。有两次甚至从头一天傍晚玩到了第二天凌晨，要知道很多人还得上班哪。这还不算，他一听别人有事不能来了就急眼，可他自己有了事情却不管不顾，把朋友扔在一边就径自消失了。那是去年，他邀请了几个朋友一起去泡温泉，可是刚泡上没几分钟，接到一个电话以后他就匆匆走了，把几个朋友扔在一边……

这样的事情不是一次两次，而是一直如此，这也让很多人接到小桦的邀请时心里直犯嘀咕。他们是能不来则尽量不来，能推托的就尽量推托，不能推脱的也都趁早脱身，不然等到小桦喝点儿酒以后就走不成了，这也是导致上述情况出现的根本原因。

在生活中像小桦这样极端的人不是很多，但是交际应酬没有限度的人却不在少数。

我们要把握交际应酬的分寸。所谓把握分寸，就是在交际应酬的时候以恰到好处为宜，要不温不火，既能让人尽兴，也不会让人勉为其难。

有一些人喜欢在酒桌上求人，此时要注意不管是基于何种目的，都要把握分寸。

来到酒桌上的人们常常听到"不醉不归"这句话。多人以为尽兴的表现就是让人醉倒在酒桌上爬不起来，并以为只有这样才能显示自己的诚意，其实不然。暂且不说在宴会上胡吃海喝会不会给人身体健康带来隐患，光是让人醉成一摊烂泥就已经是非常失礼的表现了。不管是请客还是做客，如果有人喝得酩酊大醉绝对不是什么好事，要说的话、要谈的事自然说不成了。此外，醉酒容易伤身，而且还会给家人带来极大的不便。想想看，你把一个醉汉给人弄回家，然后留给家人照顾，这合适吗？

交际应酬中把握分寸也是会办事的体现。一个人如果能在交际应酬中让人尽兴而不过火，那么他自然也能够在求人办事中表现得恰到好处，知道怎么样才能把事情办好。

交际应酬本来是为了交流感情，让彼此的关系变得更好，这样也有利于将来的合作和发展，然而如果没有一点儿限制，很可能就会把一桩好事搅黄，甚至变成了坏事。

给彼此回旋的余地

每个人求人办事的时候都希望成功，但世事难料，如果没有达到预期的目的，或者事情变得更糟，是不是彼此就要闹得不欢而散呢？

事情办好了，自然让人开心、兴奋。事情没有办成，或者办糟了，沮丧、失望也情有可原，但是千万不能因此埋怨对方，让对方下不了台，要给大家一个回旋的空间，以便于下次合作。

如何才能给彼此一个回旋的余地呢？主要有两点：从自己着手，为对方考虑。

从自己着手

第一，降低自己的期望值。花费很少的力气获得很大的成果，这是人人都希望看到的，但是这种事情很少。大多数人是一分耕耘一分收获，更有不少人尽管付出了很多努力，却没有得到预期的成功。在办事过程中，不要期望太高，因为希望越大，失望也就越大。

要想让自己能够正确面对糟糕的结局，将自己的期望值降低是非常必要的。这样一来，才可以让自己不至于太过失望，才能更为理性地面对现实。

第二，不要把自己看得太高。很多时候，人对自己缺乏正确的认识。什么事情都以为只要自己努力了，就没有不成功的道理。一旦事情没有成功，就把责任推到别人身上，这自然容易跟人发生冲突，所以，在办事之前，应该正确地认识自己，不要自视过高。

第三，坦然面对失败。胜败乃兵家常事，很少有永远不败的战士。任何事情都有失败的可能，即使准备得再周全，考虑得再周到，也不能确保万无一失，所以，不要害怕失败，要坦然面对失败，做好两手准备。

第四，不要想当然。很多人在求人办事的时候，自以为找了一个很有能力的人出面，就觉得可以高枕无忧；或者自以为某事可以按照期望中那样完成，一旦失败就会认为有人在暗中搞鬼，或者自怨自艾，无法接受。千万要警惕，这样的情绪无疑是办事过程中的一颗"地雷"，很可能得罪了对方，更会把自己炸伤。

第五，不要孤注一掷。很多人把所有的努力都集中于一个点上，倾注大量的精力。在失败了以后不免元气大伤，这其实是办事的大忌。

在求人办事的时候固然要全力以赴，可是也不能将所有的筹码都压在一个点上。因为一旦失败，将很难有翻身的机会。世界上很少有一锤子买卖，应该看情况而定，不可盲目冲动，更不要孤注一掷。

第六，对自己要有信心。求人办事毕竟是双方面的事情，事情的成败很少取决于某一个特定的人或者因素。成功的道路更多地取决于自己，在求人办事过程中遇到失败之后最关键的是要重拾信心，重新再来。对自己有信心，这才是成功的基础。

为对方考虑

第一，客观看待对方的能力。办事人将希望寄托在某个人的身上时，很少会怀疑对方的能力，因而一旦对方没有办好事情，就认为他是故意不肯帮忙，或者是在敷衍自己，甚至因此心怀不满。

有一点你可能没有想到，那就是对方有时确是力不从心。尽管他全力以赴，但因能力有限，仍然没有把事情办好。如果这个时候你还冷嘲热讽、指桑骂槐，对方感觉自己吃力不讨好，难免会生气，一场矛盾也就不可避免了。

第二，体谅对方的难处。很多时候，求人者只考虑了对方有没有能力帮忙，却很少设身处地地为对方想一想。也许对方在某件事情上有顾虑，或者有不得已的苦衷，所以在办事的时候没有达到求人者的要求。这样的情况很常见，值得注意。

第三，体会对方的用心。也许你在求人办事的时候，对方本来就心不甘情不愿，这样难免有敷衍的可能。如果是这样，你除了自己想办法使对方全力帮忙之外，还应该另辟蹊径，千万不可因此而对人心怀不满。否则很可能不但办事不成，还为自己树立了敌人。

在求人办事的时候，要有长远的打算，这次没有把事情办好并不意味着下次也不能。要多几个心眼，不能因一时的结果不符合自己的意愿就跟对方闹翻，要给彼此留下回旋的余地，才能为以后的合作打下基础。